Sobre lo espiritual del arte

VASILI KANDINSKI

Sobre lo espiritual del arte

EDICIONES RIALP
MADRID

Título original: *Über das Geistige in der kunst*

© 2026 de la versión española de DAVID CERDÁ,
   by EDICIONES RIALP, S. A.
   Manuel Uribe 13-15 - 28033 Madrid
   (www.rialp.com)

Preimpresión: www.produccioneditorial.com

ISBN (edición impresa): 978-84-321-7261-8
ISBN (edición digital): 978-84-321-7262-5
ISBN (edición bajo demanda): 978-84-321-7263-2
Depósito legal: M-22194-2025
Impreso en Anzos, S. L., Fuenlabrada (Madrid)

ÍNDICE

A.
APROXIMACIÓN GENERAL

I.
INTRODUCCIÓN

TODA OBRA DE ARTE es hija de su tiempo, y a menudo madre de nuestros propios sentimientos.

De ahí que cada periodo cultural produzca su propio arte, que ya no podrá repetirse. En el mejor de los casos, el intento de revivir los principios artísticos del pasado puede dar lugar a obras de arte que se asemejan a un niño muerto antes de su nacimiento. Por ejemplo, es imposible que sintamos y vivamos como los antiguos griegos. Por idéntica razón, los esfuerzos por aplicar los principios griegos en, digamos, la escultura, solo pueden crear formas similares a las de los griegos, con lo que la obra queda desprovista de alma para siempre.

Una imitación así se parece a las que hacen los simios. Exteriormente, los movimientos del simio son completamente similares a los de un ser humano. El simio se sienta y sostiene un libro delante de su nariz, lo hojea, adquiere una pose reflexiva, pero el significado interior de estos movimientos está completamente ausente.

Sin embargo, existe otra similitud externa entre las formas de arte, que se basa en una gran necesidad. La similitud de las aspiraciones interiores en toda la atmósfera moral-espiritual, la lucha hacia objetivos que ya se han perseguido en su mayor parte, pero que con posterioridad se olvidaron, es decir, la similitud del estado de ánimo interior de todo un periodo puede conducir lógicamente al uso de formas que sirvieron con éxito a las mismas aspiraciones en un periodo pasado. Así surgió en parte nuestra simpatía, nuestra comprensión, nuestro parentesco interior con los primitivos. Al igual que nosotros, estos artistas puros buscaban aportar en sus obras únicamente lo íntimamente esencial, por lo que la renuncia a lo contingente surgió por sí misma.

Este importante punto de contacto relacionado con lo interior no es, sin embargo, a pesar de su importancia, más que un aspecto. Nuestra alma, que, tras el largo periodo materialista, se encuentra tan solo al principio de su despertar, alberga en su interior las semillas de la desesperación, de la increencia, de la falta de rumbo y de propósito. Toda esta pesadilla materializada en los puntos de vista materialistas, que han convertido la vida del universo en un malvado juego sin propósito, aún no ha terminado. El alma que despierta está todavía fuertemente bajo el influjo de esta pesadilla. Solo una tenue luz amanece como un pequeño punto en un enorme círculo negro. Esta tenue luz es solo un presentimiento, que el alma no tiene el valor de ver, dudando si dicha luz no es el sueño, y el círculo negro la realidad. Esta duda y los sufrimientos aún opresivos de la filosofía materialista distinguen fuertemente nuestra alma de la de los «primitivos». Hay una grieta en nuestra alma y, cuando conseguimos tocarla, suena como un jarrón precioso encontrado en las profundidades de la tierra: un jarrón agrietado. Por eso, el movimiento hacia lo primitivo, tal como lo estamos experimentando actualmente, solo puede ser efímero en su forma actual, más bien pasajera.

Estas dos similitudes entre el arte nuevo y las formas de periodos pasados son, como puede verse con facilidad, diametralmente opuestas. La primera es externa y, por tanto, no tiene porvenir. La segunda es interna y, por tanto, alberga la semilla del futuro. Tras el periodo de la tentación materialista, a la que el alma estaba aparentemente sometida y que, sin embargo, empieza a sacudirse como una tentación maligna, el alma, refinada por la lucha y el sufrimiento, se eleva. Los sentimientos más groseros, como el miedo, la alegría, la tristeza, etcétera, que también podían servir de contenido al arte durante este periodo de tentación, tendrán poco atractivo para el artista. Este buscará despertar sentimientos más sutiles que ahora no tienen nombre. Él mismo vive una vida compleja y relativamente sutil, y la obra que produzca provocará necesariamente en el espectador —quien sea capaz de ello— emociones más sutiles que no pueden captarse con nuestras palabras.

Con todo, el espectador de hoy rara vez es capaz de percibir tales vibraciones. Busca en la obra de arte o bien una imitación pura de la naturaleza que pueda servir a fines prácticos (un retrato, en su sentido corriente, etcétera), o bien una imitación de la naturaleza que contenga una cierta interpretación (pintura «impresionista»), o bien, por último, disposiciones del alma disfrazadas de formas naturales (lo que llamamos «estados de ánimo»[1]). Todas estas formas, si son verdaderamente artísticas, cumplen su propósito y proporcionan alimento espiritual (incluso en el primer caso), pero lo logran especialmente en el tercero, en el que el espectador encuentra una resonancia de su alma. Es cierto que esa relación o resonancia no puede permanecer vacía o superficial, pero el «estado de ánimo» de la obra puede profundizar y transfigurar el estado de ánimo del espectador. En cualquier caso, tales obras evitan que el alma se envilezca. La mantienen en un cierto nivel, como la clave de afinación de las cuerdas de un instrumento. Pero el refinamiento y la expansión en el tiempo y el espacio de este tono siguen siendo unilaterales y no agotan el posible efecto del arte.

---

[1] Desgraciadamente, también se ha abusado de esta palabra, que se utiliza para describir los esfuerzos poéticos de un alma artística viva; en última instancia, se ha ridiculizado. En cualquier caso, ¿ha habido alguna vez una gran palabra que la multitud no intentara profanar de inmediato?

*****

Un edificio grande, muy grande, pequeño o mediano dividido en diferentes salas. De las paredes de las salas cuelgan lienzos pequeños, grandes y medianos. A menudo hablamos de varios miles de lienzos. Se reproducen mediante el color fragmentos de «naturaleza»: animales en luz y sombras, bebiendo agua, erguidos junto a ese agua, tumbados en la hierba, junto a una crucifixión de Cristo, pintada por un artista que no cree en Cristo, flores, figuras humanas sentadas, de pie, caminando, en ocasiones desnudas, muchas mujeres desnudas (con frecuencia vistas en perspectiva desde atrás), manzanas y cuencos de plata, retrato del Consejero Privado N, sol del atardecer, dama de rosa, patos volando, retrato de la Baronesa X, gansos volando, dama de blanco, terneros a la sombra con brillantes manchas amarillas de sol, retrato de la Excelencia Y, dama de verde. Todo ello está cuidadosamente impreso en folletos; nombres de los artistas, nombres de los cuadros. La gente sostiene estos folletos en la mano y camina de un lienzo a otro, hojeándolos y leyendo los nombres. Luego salen, tan pobres o ricos como entraron, e inmediatamente son absorbidos por sus intereses, que nada tienen que ver con el arte. ¿Para qué fueron allí? En cada cuadro se encierra misteriosamente toda una vida, toda una vida con muchas agonías, dudas, horas de entusiasmo y de luz.

¿Hacia dónde se dirige esta vida? ¿Hacia dónde clama el alma del artista cuando también ella ha participado activamente en la creación? ¿Qué quiere proclamar? «Iluminar las profundidades del corazón humano: esa es la profesión del artista», dice Schumann. «Un pintor es una persona que puede dibujar y pintar cualquier cosa», dice Tolstoi.

De estas dos definiciones de la actividad del artista, debemos elegir la segunda cuando pensamos en la exposición que acabamos de describir: con mayor o menor destreza, virtuosismo y brío, se crean sobre el lienzo objetos que están relacionados entre sí en «la pintura», sea esta más tosca o más fina. La armonización del conjunto sobre el lienzo es el camino que conduce a la obra de arte. Esta obra se contempla con ojos fríos y mente indiferente. Los entendidos admiran la «factura» (como se admira a un equilibrista), saborean la «pintura» (como se saborea una empanada).

Las almas hambrientas se van con hambre.

La gran multitud pasea por las salas y encuentra los lienzos «bonitos» y «estupendos». Quienes podían decir algo no han dicho nada a la gente, y quienes podían escuchar no han oído nada.

Este estado del arte se llama *l'art pour l'art*.

Esta aniquilación de los sonidos interiores que son la vida del color, esta disipación de los poderes del artista en el vacío: esto es «el arte por el arte».

El artista busca una recompensa material por su habilidad, su inventiva y su sensibilidad. Su propósito es satisfacer su ambición y su codicia. En lugar de que los artistas trabajen juntos para alcanzar la profundidad, se produce una batalla para ver quién se queda con las ganancias. Se quejan de que hay demasiada competencia, de que hay sobreproducción. El odio, el partidismo, las camarillas, los celos y la intriga son el resultado de este arte materialista despojado de su propósito[2].

---

[2] Las pocas excepciones aisladas no destruyen este panorama sombrío y desastroso. E incluso estas excepciones son principal-

El espectador se aleja tranquilamente del artista, que no ve qué finalidad pueda tener su vida en un arte despojado de propósito, por lo que considera que tiene ante sí metas más importantes.

La «comprensión» es el acercamiento del espectador al punto de vista del artista. Ya se ha dicho que el arte es hijo de su tiempo. Un arte así solo puede repetir artísticamente lo que ya satisface claramente la atmósfera de esa época. Este arte, que no alberga potencial alguno para el futuro, que, por lo tanto, solo es hijo de su tiempo y nunca se convertirá en la madre del futuro, es un arte castrado. Es efímero y muere moralmente en el momento en que cambia la atmósfera que lo originó.

*****

---

mente artistas cuyo credo es *l'art pour l'art*. Sirven, pues, a un ideal superior, que en esencia consiste en una disipación sin objeto de su energía. La belleza exterior es un elemento que forma la atmósfera espiritual; sin embargo, aparte del lado positivo (pues lo bello es bueno), tiene el defecto de no utilizar exhaustivamente el talento («talento» en el sentido evangélico).

El otro arte, que es capaz de formaciones ulteriores, también está enraizado en su época espiritual, pero al mismo tiempo no es solo un eco y un espejo de ella, sino que tiene una energía profética que por poder despertarnos es capaz de efecto de gran alcance y profundidad.

La vida espiritual, a la que también pertenece el arte y de la que es uno de los agentes más poderosos, es un movimiento complejo, pero definido, que puede traducirse en simplicidad y conducirnos hacia delante, hacia arriba. Este movimiento es el del conocimiento. Puede adoptar diferentes formas, pero básicamente conserva el mismo significado y propósito interiores.

No están claras las causas de la necesidad de avanzar y ascender «con el sudor de la frente», a través del sufrimiento, el mal y la agonía. Después de haber concluido una etapa y de haber quitado algunas piedras malignas del camino, una mano invisible y maligna arroja nuevos pedruscos al sendero, un material que a veces parece enterrarlo por completo y hacerlo irreconocible.

Pero entonces, sin falta, llega uno que, siendo parecido en todo a nosotros, alberga en cambio un misterioso poder «visionario» en su interior. Ve y muestra. A veces quiere deshacerse de este don superior, que a menudo es una pesada cruz para él. Pero no puede. A pesar de las burlas y los odios, tira del pesado carro de la humanidad, atascado en las piedras, hacia delante y hacia arriba.

Suele ocurrir que, cuando no queda ya nada de su corporeidad en la tierra, se utilizan todos los materiales para reproducirlo, ya sea en mármol, hierro, bronce o piedra de un tamaño enorme. Como si hubiera algo en esta corporeidad de esos servidores del hombre, mártires casi divinos que despreciaban lo físico y solo servían a lo espiritual. En cualquier caso, ese cincelado mármol es la prueba de que una multitud más numerosa ha llegado al lugar donde antes se encontraba quien así es homenajeado.

II.
EL MOVIMIENTO

Un gran triángulo agudo dividido en secciones desiguales, con la sección más aguda, la más pequeña, señalando hacia lo alto: esta es la manera correcta de representar esquemáticamente la vida espiritual. Cuanto más hacia abajo, más grandes, anchas, extensas y altas se vuelven las secciones del triángulo.

Todo el triángulo se mueve lentamente, de manera casi imperceptible, hacia delante y hacia arriba, y donde «hoy» está el vértice superior, «mañana»[1] estará la siguiente sección. Es

---

[1] Este «hoy» y «mañana» es similar en esencia a los «días» bíblicos de la creación.

decir, lo que hoy solo es comprensible para el vértice superior, lo que para el resto del triángulo son tonterías incomprensibles, mañana se convertirá en lo razonable y lo que tenga sentido para la siguiente sección.

A veces solo hay una persona en ese vértice superior. Su gozosa contemplación se asemeja a la inconmensurable pena que lleva dentro. Y sus allegados no le comprenden. Indignados, le llaman farsante o loco. Fue lo que hicieron con Beethoven, al que insultaron y dejaron solo en el apogeo de su vida[2]. ¿Cuántos años tuvieron que pasar para que una sección mayor del triángulo alcanzara el lugar en el que él estuvo solo? Y a pesar de todos los monumentos, ¿han sido muchos los que han subido hasta ese lugar?[3]

---

[2] Weber, el compositor de la ópera *Der Freischütz*, dijo esto de la *Séptima Sinfonía* de Beethoven: «Las extravagancias de este genio han llegado al colmo; Beethoven ya está listo para ingresar en un manicomio». Al escuchar por primera vez el emocionante pasaje del comienzo del primer movimiento que se regodea en un «mi» palpitante, el abate Stadler gritó a su vecino de butaca: «Otra vez ese "mi", ¡no se le ocurre nada a este hombre sin talento!». (*Beethoven* de August Göllerich, página 1 de la serie "Die Musik", publicada por Richard Strauss).

[3] ¿No son algunos monumentos una triste respuesta a esta pregunta?

En todas las secciones del triángulo hay artistas. Aquel que puede ver más allá de los límites de su sección es un profeta en su entorno y contribuye al lento movimiento del carro. Pero si no posee esta mirada visionaria o abusa de ella o renuncia a ella sin ningún propósito o razón, será plenamente comprendido y celebrado por todos sus compañeros de sección. Cuanto más amplia sea la sección (es decir, cuanto más al fondo esté al mismo tiempo), mayor será la multitud a la que el discurso del artista le resultará comprensible. Está claro que cada una de estas secciones tiene hambre consciente o —lo que es mucho más frecuente— del todo inconsciente de alimento espiritual. Este alimento se lo proporcionan sus artistas; mañana la siguiente sección tenderá sus manos hacia quien no fue entendido por esa sección inferior.

*****

Ni que decir tiene que esta representación esquemática no agota todo el cuadro de la vida espiritual. Entre otras cosas, no muestra un lado sombrío, un gran punto negro, muerto.

Ocurre con demasiada frecuencia que el alimento espiritual mencionado se convierte en lo que da de comer a algunos que ya viven en una sección superior. Para tales comensales este alimento es veneno: en pequeñas dosis actúa de tal manera que el alma se hunde gradualmente de una sección superior a otra inferior; en grandes dosis, conduce a una caída que arroja al alma a secciones cada vez más bajas. En una de sus novelas, Henryk Sienkiewicz compara la vida espiritual con la natación: quien no trabaja incansablemente y lucha constantemente para no hundirse, se ahogará sin remedio. Aquí, el talento de una persona (en el sentido evangélico) puede convertirse en una maldición, no solo para el artista que posee ese talento, sino también para todos los que comen ese alimento envenenado. El artista utiliza su poder para satisfacer las necesidades bajas; en una supuesta forma artística aporta un contenido impuro, atrae hacia sí los elementos débiles, mezclándolos sin cesar con los malos, engañando a la gente y contribuyendo a que se engañe a sí misma convenciéndose y convenciendo a los demás de que tienen sed espiritual, de que están saciando esta sed espiritual bebiendo de una fuente pura. Tales obras no ayudan al movimiento ascendente, lo obstaculizan, hacen retroceder lo que se esfuerza por avanzar y extienden la peste a su alrededor.

Los periodos en los que el arte no tiene un alto representante, en los que el alimento glorificado no logra materializarse, son periodos de decadencia en el mundo espiritual. Las almas caen incesantemente de las divisiones superiores a las inferiores, y todo el triángulo parece permanecer inmóvil. Parece retroceder y avanzar. En estos tiempos silenciosos y enceguecidos, las personas dan un valor especial y exclusivo a los éxitos externos; solo se preocupan por los bienes materiales y acogen como una gran hazaña el progreso técnico, que solo sirve y solo puede servir al cuerpo. Las fuerzas puramente espirituales son, en el mejor de los casos, subestimadas o, de lo contrario, pasan desapercibidas.

A los hambrientos solitarios y los visionarios se los ridiculiza o se los considera espiritualmente anormales. Las almas especiales, sin embargo, que no pueden ser narcotizadas y sienten un oscuro anhelo de vida espiritual, conocimiento y progreso, se lamentan mientras sufren el grosero canto del materialismo. La noche espiritual se cierne paulatinamente sobre el mundo. Las grises tinieblas descienden sobre las almas asustadas, y las superiores, acosadas y debilitadas por el temor y las dudas, escogen a veces este lento oscurecimiento ante la inminente y violenta caída en la oscuridad total.

El arte, que lleva una vida degradada en tales momentos, se utiliza exclusivamente para fines materiales. Busca su sustantividad en la «materia dura», ya que no reconoce lo sutil. Los objetos, cuya reproducción considera su fin objetivo reproducir, permanecen inmutables. El «qué» del arte se omite *eo ipso*. Solo queda la cuestión de «cómo» el mismo objeto físico es reproducido por el artista. Esta pregunta se convierte en el «Credo». El arte pierde su alma.

El arte sigue avanzando por esta senda del «cómo». Se especializa, haciéndose comprensible solo para los propios artistas, que empiezan a quejarse de la indiferencia del espectador ante sus obras. Como el artista medio no necesita decir mucho en esos momentos y se hace notar incluso por una ligera «diferencia» y así consigue que lo ensalcen ciertos grupos de mecenas y conocedores del arte (¡que también pueden aportar grandes ganancias materiales!), un gran número de personas superficialmente dotadas y hábiles se disponen a hacer arte, que aparentemente es de fácil conquista. En los «centros culturales» viven miles y miles de artistas de este tipo, la mayoría de los cuales solo buscan nuevas formas de crear millones de obras de arte sin entusiasmo, con el corazón frío y el alma adormecida.

La «competencia» es cada vez mayor. La salvaje caza del éxito hace que la búsqueda sea cada vez más externa. Pequeños grupos que se han abierto paso accidentalmente en este caos de artistas e imágenes se atrincheran en las plazas que han conquistado. El público que queda atrás mira sin comprender nada, pierde interés por ese arte y le da la espalda en silencio.

*****

Pero a pesar de toda esta estafa, a pesar del caos y de la carrera desaforada, en realidad el triángulo espiritual avanza lenta pero inexorablemente hacia delante y hacia arriba con una fuerza insuperable.

Moisés, invisible, baja de la montaña y contempla la danza en torno al becerro de oro. A pesar de eso, aporta una nueva sabiduría al pueblo.

Su lenguaje, ininteligible para las masas, lo escucha por primera vez el artista. Inconscientemente, al principio, atiende su llamada. Incluso en ese mismo «cómo» se esconde un núcleo de recuperación. Aunque este «cómo» siga siendo infructuoso en su conjunto, en el mismo «de otro modo» (lo que aún hoy llamamos «personalidad») existe la posibilidad de ver no solo lo duro y material del objeto, sino también aquello que es menos físico que el objeto de la época realista, lo que se intentaba reproducir solamente «tal cual es», «sin fantasear»[4].

---

[4] A menudo se habla aquí de lo material y lo inmaterial y de los estados intermedios que se califican de «más o menos» materiales. ¿Es todo materia? ¿Es todo espíritu? Las diferencias que establecemos entre materia y espíritu ¿son tan solo matices de la materia o el espíritu? El pensamiento descrito como producto del «espíritu» en la ciencia positiva también es materia, pero es tangible no para los sentidos groseros, sino para los finos. Lo que la

Si este «cómo» incluye también la emoción espiritual del artista y es capaz de hacer que brote su experiencia más fina, entonces el arte se encuentra ya en el umbral del camino en el que más tarde encontrará indefectiblemente el «qué» perdido, el «qué» que formará el alimento espiritual del despertar que ahora comienza. Este «qué» ya no será el «qué» material de los objetos de la época que quedó atrás, sino un contenido artístico, el alma del arte, sin el cual su cuerpo (el «cómo») nunca podrá llevar una vida plenamente sana, como le ocurre a la persona individual o a los pueblos.

Este «qué» es el contenido que solo el arte puede tener, y que solo el arte puede expresar claramente con los medios que le son privativos.

---

mano física no puede tocar, ¿es espíritu? No es posible seguir discutiendo esto en este breve ensayo; baste, por el momento, con no trazar una línea demasiado tajante entre materia y espíritu.

III.
EL CAMBIO DE RUMBO ESPIRITUAL

EL TRIÁNGULO ESPIRITUAL rota lentamente hacia delante y hacia arriba. Hoy en día, una de las secciones inferiores, de las más amplias, escucha las primeras consignas del «Credo» materialista. Desde el punto de vista religioso, a sus integrantes se los etiqueta de diversa manera: se los llama judíos, católicos, protestantes, etcétera. En realidad, son ateos, como admiten abiertamente algunos de los más audaces o estrechos de miras. «El cielo» está desierto. «Dios ha muerto». Desde el punto de vista político, estos integrantes son partidarios de los representantes del pueblo, republicanos. El miedo, la aversión y el odio que ayer albergaban contra estas opciones políticas, hoy los vuelcan contra la anarquía, de la que nada saben y solo conocen el aterrador nombre. Desde el punto de vista económico, estas personas son socialistas. Afilan la espada de la justicia para asestar un golpe mortal a la hidra capitalista y cortar así la cabeza del mal.

Como los integrantes de esta gran sección del triángulo nunca han llegado a solucionar una cuestión por sí mismos y siempre se han subido a un carro humano del que tiraban semejantes abnegados que estaban muy por encima de ellos, no saben nada de este empeño, que solo han observado desde una gran distancia. Por lo tanto, imaginan que el empeño es muy fácil y creen en recetas perfectas y remedios infaliblemente eficaces.

La siguiente sección, situada más abajo, es atraída ciegamente hacia esa altura por la que antes hemos descrito. Sin embargo, sigue aferrándose firmemente a su antigua posición, sigue resistiéndose, presa del miedo, a entrar en lo desconocido, pues teme ser engañada.

En términos religiosos, las secciones superiores no solo son ciegamente ateas, sino que pueden justificar su ateísmo con palabras prestadas (aludiendo, por ejemplo, a lo que dice Virchow[1], indigno de una persona instruida: «He diseccionado muchos cadáveres y nunca he descubierto un alma»). En términos políticos, son aún más a menudo republicanas, conocen diversas costumbres parlamentarias, leen los editoriales políticos de los periódicos. En términos económicos, son socialistas de diversa índole y apoyan sus «convicciones» en multitud de citas. (Desde *Emma* de Schweitzer, pasando por la «ley de hierro de los sueldos» de Lasalle, hasta *El Capital* de Marx y mucho más allá).

En estas secciones superiores van apareciendo otras categorías que faltaban en las secciones que acabamos de describir: la ciencia y el arte, que incluye también la literatura y la música.

En términos científicos, estas personas son positivistas y solo reconocen lo que se puede pesar y medir. Consideran que el resto no son más que esa clase de tonterías, a veces perjudiciales,

---

[1] Rudolf Ludwig Karl Virchow fue un célebre médico y biólogo que también hizo incursiones en el campo de la política y la antropología. Llamado el «padre de la patología moderna», fue igualmente uno de los fundadores de la medicina social y la base celular de las enfermedades (N. del t.).

que ayer consideraban las teorías que hoy les parece que están «demostradas».

En el arte, son naturalistas y reconocen y aprecian la personalidad, la individualidad y el temperamento del artista hasta cierto límite que otros les señalan, un límite en el que por tanto creen inquebrantablemente.

*****

No obstante, en estas secciones superiores, a pesar del orden aparente, la certeza y los principios infalibles, hay un miedo oculto, hay confusión, dudas e incertidumbre, como en la mente de los pasajeros de un gran y robusto barco de vapor de ultramar cuando se acumulan nubes negras en alta mar y la tierra firme desaparece entre brumas y el viento sombrío amontona el agua en negras moles. Y esto es gracias a su educación. Saben que la persona instruida, el estadista, el artista que hoy adoran era ayer un pardillo al que despreciaban, un estafador, un chapucero, alguien indigno de ser tomado en serio.

Y cuanto más se asciende en el triángulo espiritual, más visibles se hacen los bordes afilados de este miedo y estas inseguridades. En primer lugar, siempre hay ojos que pueden ver por sí mismos, mentes capaces de unir los puntos y sacar las adecuadas conclusiones. Esas personas dotadas se preguntan: si la sabiduría de anteayer fue derrocada por la sabiduría de ayer y esta por la sabiduría de hoy, ¿no es posible que la sabiduría de hoy también sea derrocada por la sabiduría de mañana? Y los más valientes responden: «Entra desde luego en las posibilidades».

En segundo lugar, hay ojos que pueden ver lo que «aún no ha sido explicado» por la ciencia actual. Estas personas se preguntan: «¿Llegará la ciencia a solucionar estos enigmas por el camino que lleva recorriendo desde hace mucho tiempo? Y cuando lo haga, ¿podremos confiar en su respuesta?».

En estas secciones también hay personas instruidas y profesionales que pueden recordar cómo las academias recibieron al principio los hechos ahora establecidos y reconocidos por esas mismas academias. Aquí también hay estudiosos del arte que escriben libros honorables y profundos sobre el arte que ayer parecía absurdo. A través de estos libros eliminan las barreras sobre las que el arte ha dado su salto hace tiempo y erigen otras nuevas, barreras que en esta ocasión han de permanecer firmes y para siempre en su nuevo lugar. Al hacerlo, no se dan cuenta de que no están levantando las barreras delante del arte, sino detrás de él. Cuando mañana se den cuenta, escribirán nuevos libros y moverán rápidamente sus barreras. Y así seguirán una y otra vez hasta que comprendan que el principio externo del arte solo puede aplicarse al pasado y nunca al futuro. No hay especulación teórica que valga para el camino ulterior del arte, que se encuentra en el reino de lo no material. Lo que aún no existe como materia no puede cristalizarse materialmente. El espíritu que conduce al reino del mañana solo puede reconocerse a través de la intuición (para la que el talento del artista es el camino). La teoría es el fanal que ilumina las formas cristalizadas del ayer y de lo que está antes del ayer (véase más sobre esto en el capítulo VII, "Teoría").

Y si seguimos ascendiendo, vemos una confusión aún mayor, como en una gran ciudad, firmemente construida según todas las reglas arquitectónicas y matemáticas, que de repente se ve sacudida por una fuerza inconmensurable. Sus habitantes viven realmente en una ciudad espiritual en la que de repente actúan fuerzas con las que sus arquitectos y matemáticos espirituales no habían contado. Una parte del grueso muro ha caído como un castillo de naipes. Hay una colosal torre en ruinas que se eleva hasta el cielo, construida a partir de muchos pilares espirituales encajados, pero «inmortales». El viejo cementerio olvidado se ha estremecido. Viejas tumbas olvidadas se abren y de ellas surgen espíritus olvidados. En el sol, erigido con tanto esmero, aparecen manchas y oscurece. ¿Dónde encontrar reservas para batallar contra la oscuridad?

En esta ciudad también hay sordos que, ensordecidos por la sabiduría extranjera, no oirán la caída; personas que también están ciegas porque han sido cegadas por la sabiduría extranjera, personas que dicen: nuestro sol es cada vez más brillante, y pronto veremos desaparecer las últimas manchas. Pero incluso estos oirán y verán.

Más arriba desaparece aquel miedo. Allí se está gestando una obra que sacude audazmente los pilares que han erigido los hombres. Allí también encontramos personas instruidas y profesionales que ponen a prueba la materia una y otra vez, que no temen a ninguna pregunta y que finalmente cuestionan la materia sobre la que ayer descansaba todo, la materia que sustentaba el universo entero. La teoría de los electrones, es decir, de la electricidad en movimiento, que va a modificar por completo el concepto de materia, encuentra actualmente audaces constructores que aquí y allá sobrepasan los límites de la prudencia y sucumben en la conquista de la nueva fortaleza científica, como soldados que se olvidan de sí mismos y se sacrifican por los demás en el asalto desesperado de una fortaleza obstinada. No obstante, «no hay fortaleza que sea inexpugnable».

*****

Por otra parte, esta clase de descubrimientos, que la ciencia de ayer saludaba con la consabida palabra «patraña», hoy se multiplican, o cuanto menos se nos dan a conocer con mayor frecuencia. Incluso los medios de información, esos siervos que en buena medida no obedecen más que a lo que tiene éxito entre la plebe y que comercian con «lo que ustedes quieran», se ven obligados en algunos casos a limitar e incluso a abstenerse del tono irónico cuando informan sobre los «milagros». Muchas personas instruidas, entre ellas los materialistas más puros, dedican sus energías a la investigación científica de los hechos misteriosos que ya no se pueden negar, que ya no pueden ocultarse[2].

*****

De otro lado y finalmente, crece el número de personas que no tienen ninguna esperanza de que los métodos de la ciencia materialista sirvan

---

[2] Zöllner, Wagner, Butleroff-Petersburgo, Crookes-Londres, etcétera. Más tarde Ch. Richet, C. Flammarion (incluso *Le Matin* de París publicó las observaciones de este último bajo el título "Je le constate, mais je ne l'explique pas" hace unos dos años). Por último, César Lombroso, creador del método antropomórfico en el campo de la criminología, acude con Eusapia Palladino a sesiones espiritistas y reconoce estos fenómenos. Además de otros científicos que se dedicaron a estos estudios por iniciativa propia, poco a poco se formaron asociaciones y sociedades científicas enteras para perseguir los mismos objetivos (por ejemplo, la Société des Etudes Psychiques de París, que incluso organizó giras de reportajes por Francia para dar a conocer al público, de manera objetiva, los resultados de sus pesquisas).

para desentrañar las cuestiones que tienen que ver con la «no materia» o la materia que no es accesible a nuestros sentidos. Y, lo mismo que hace el arte, estas personas recurren a los primitivos, a épocas y métodos medio olvidados. Estos métodos siguen vivos entre pueblos a los que estábamos acostumbrados a mirar con lástima y desprecio desde la cima de nuestro conocimiento.

Entre estos pueblos se encuentran, por ejemplo, los indios, que de vez en cuando ponían ante los ojos de las personas preparadas de nuestra cultura hechos desconcertantes que, o bien eran ignorados, o bien se intentaban espantar como moscas molestas con explicaciones y palabras superficiales[3]. La señora Helena Blavatsky fue probablemente la primera en forjar un vínculo firme entre estos «salvajes» y nuestra cultura tras pasar muchos años viviendo en la India. A partir de aquí comienza uno de los más grandes movimientos espirituales en este sentido, que hoy une a un

---

[3] La palabra hipnosis se utiliza muy a menudo en estos casos, la misma hipnosis que fue rechazada desdeñosamente por diversas academias en su primera forma cuando se llamó mesmerismo.

gran número de personas y que incluso ha concretado materialmente esta unión espiritual en la llamada Sociedad Teosófica. Esta sociedad se compone de logias que se esfuerzan por abordar los problemas del espíritu por medio del conocimiento interior. Sus métodos, en total contraposición a los positivistas, parten de otros preexistentes, que llevan a formas relativamente más precisas[4].

La teoría teosófica, que sirve de base a este movimiento, fue establecida por Blavatsky en forma de un catecismo en el que el estudiante puede encontrar las respuestas precisas del teósofo a sus preguntas[5]. Según dice Blavatsky en su libro, «Teosofía» es sinónimo de «Verdad Eterna». «Un nuevo emisario de la verdad encontrará a la humanidad preparada para su mensaje por la Sociedad Teosófica: habrá una forma de expresión con la que presentar las nuevas verdades, una organización que en cierto sentido espera su llegada para apartar

---

[4] Véanse, por ejemplo, *Theosophie* del doctor Steiner y sus artículos en *Lucifer-Gnosis* sobre las vías del conocimiento.

[5] BLAVATSKY, Helena. *Der Schlüssel der Theosophie*. Leipzig: Max Altmann, 1907. El libro fue publicado en su primera edición en inglés en Londres en 1889.

los obstáculos y dificultades materiales de su camino», escribe. Más adelante, Blavatsky apunta «que en el siglo XXI la tierra será un cielo comparada con lo que es actualmente»; así concluye su libro.

Sea como fuere, aunque la tendencia de los teósofos a crear una teoría, y la alegría un tanto prematura de poder dar pronto una respuesta a la eterna e inmensa incógnita, pueden fácilmente despertar en el observador su escepticismo, el gran movimiento espiritual sigue ahí; es un poderoso agente en la atmósfera espiritual y hay que contar con que llegará a muchos corazones desesperados envueltos en la oscuridad y la noche. Trae sones de redención: es una mano que indica la senda y ofrece ayuda.

*****

Cuando la religión, la ciencia y la moral (esta última tras ser martilleada por Nietzsche) se tambalean y sus soportes externos amenazan derribo, el hombre aparta su mirada de lo externo y la dirige hacia sí mismo.

La literatura, la música y el arte son los primeros ámbitos sensibles en los que este cambio de rumbo espiritual se hace sentir de forma real. Estos ámbitos reflejan de inmediato el sombrío panorama del presente, al tiempo que intuyen lo grandioso, que solo unos pocos advierten como un pequeño punto y no existe para la gran masa. Reflejan la gran oscuridad que apenas emerge. Se ensombrecen y se vuelven más oscuros. Por otra parte, se apartan del contenido de la vida presente que atormenta el alma y se vuelven hacia materiales y entornos que dan rienda suelta al inmaterial empeño de búsqueda del alma sedienta.

Uno de esos poetas en el campo de la literatura es Maeterlinck. Nos condujo al mundo que llamamos fantástico o, con más propiedad, trascendente. Los personajes de sus obras (*La princesa Malena*, *Los ciegos*, *Las siete princesas*, etcétera) no son personas de tiempos pasados, como nos parecen los estilizados héroes de Shakespeare, sino almas que buscan en las tinieblas, amenazados de ser engullidos por ellas, tinieblas sobre las que se cierne un poder invisible y oscuro. La oscuridad espiritual, la incertidumbre de no saber y el miedo que todo ello despierta conforman el universo de sus héroes. Maeterlinck es quizás uno de los primeros profetas, artistas y visionarios de la decadencia descrita. El enrarecimiento de la atmósfera espiritual, el poder que destruye y dirige y el miedo que desespera una vez se ha perdido la senda, en ausencia de guía, se reflejan claramente en estas obras[6].

Maeterlinck crea esta atmósfera con medios puramente artísticos. Los medios materiales que utiliza (lúgubres castillos, noches de luna llena, pantanos, viento, búhos, etcétera) desempeñan un papel simbólico y hacen las veces de una música interior[7].

---

[6] Alfred Kubin es uno de estos visionarios de la decadencia. A través de su obra, uno se ve arrastrado a la atmósfera espeluznante del duro vacío con una fuerza insuperable. Esta violencia emana tanto de los dibujos de Kubin como de su novela *La otra parte*.

[7] Cuando algunos de sus dramas se representaron en San Petersburgo bajo la dirección del propio Maeterlinck, él mismo se limitó a hacer colgar un trozo de lienzo durante un ensayo para sustituir una torre que faltaba. Para él no era importante mandar hacer un telón de fondo que fuera una imitación perfecta. Hizo como los niños —los mayores fantasiosos de todos los tiempos— hacen siempre en sus juegos cuando ven un palo y simulan que es un caballo o convierten en su imaginación unos trozos doblados de papel en regimientos enteros de caballería (Wilhelm von Kügelgen, *Erinnerungen eines alten Mannes*). Este movimiento para estimular la imaginación del espectador desempeña un papel fundamental en el teatro actual. El teatro ruso se ha esforzado es-

La principal herramienta de Maeterlinck es la palabra. La palabra es un eco interior. Este eco interior se origina en parte (quizá principalmente) en el objeto que la palabra sirve para nombrar. Sin embargo, si el objeto en sí no se ve, sino que solo se oye su nombre, entonces surge en la mente del oyente la idea abstracta, el objeto desmaterializado, que provoca inmediatamente una «vibración» en el corazón. Así, el árbol verde, amarillo y rojo del prado es solo un caso material, una forma materializada accidental del árbol que sentimos en nuestro interior cuando oímos la palabra «árbol». El uso hábil de una palabra (según el sentimiento poético), una repetición interiormente necesaria de la misma palabra dos veces, tres veces, varias veces seguidas, no solo puede conducir al crecimiento del eco interior, sino también sacar a la luz otras cualidades espirituales insospechadas de la palabra. Por último, cuando la palabra se repite varias veces (un juego favorito de los jóvenes, que

---

pecialmente en este sentido y ha alcanzado grandes logros. Se trata de una transición necesaria de lo material a lo espiritual del teatro del futuro.

luego se olvida), pierde el sentido externo del nombre. Del mismo modo, incluso el sentido abstracto del objeto designado se olvida y solo queda expuesto el eco puro de la palabra. También podemos oír este eco «puro» inconscientemente en relación con el objeto real o abstracto posterior. En este último caso, sin embargo, este eco puro pasa a primer plano y ejerce una presión directa sobre el alma. El alma llega a una vibración sin objeto, que es aún más compleja —me gustaría decir «trascendente»— que una vibración del alma a partir de una campana, una cuerda que suena, una tabla que cae, etcétera. Esto abre grandes posibilidades para el futuro. Este poder de la palabra ya se utiliza de forma embrionaria, por ejemplo, en *Serres chaudes*. Según la aplica Maeterlinck, es una palabra que a primera vista parece neutra adquiere tintes sombríos. Una palabra sencilla y familiar (como cabello) puede, si se utiliza correctamente, crear una atmósfera de desolación y desesperación. Este es justamente el remedio de Maeterlinck: muestra el modo en que uno se da cuenta enseguida de que los truenos, los relámpagos y la luna detrás de las nubes perseguidoras son medios materiales externos, medios que, en el escenario, más aún que en la naturaleza, se parecen al «hombre del saco» de los niños. Los medios verdaderamente interiores no pierden tan fácilmente su poder y su efecto[8]. Y la palabra, que tiene así dos significados —el primero inmediato y el segundo interior—, es el material puro de la poesía y la literatura, el material que solo este arte puede utilizar y a través del cual se expresa el alma.

Richard Wagner hizo algo parecido en música. Su famoso *leitmotiv* es también un esfuerzo por caracterizar al héroe no solo a través del vestuario, el maquillaje y los efectos de iluminación, sino a través de un motivo determinado y preciso, es decir, a través de un medio puramente musical. Este motivo es una especie de atmósfera espiritual expresada musicalmente que precede al héroe, es decir, que emana su espíritu[9].

---

[8] Esto queda claro al comparar las obras de Maeterlinck y Poe. Estamos ante otro ejemplo de la progresión de los medios artísticos de lo material a lo abstracto.

[9] Muchos experimentos han demostrado que una atmósfera espiritual de este tipo beneficia no solo a los héroes, sino a todo el mundo. Los seres muy sensibles, por ejemplo, no pueden

Los músicos más modernos, como Debussy, aportan impresiones espirituales que a menudo toman de la naturaleza y transforman en imágenes espirituales en forma puramente musical. De ahí que a Debussy en particular se le compare a menudo con los pintores impresionistas; con ello se viene a decir que, al igual que estos pintores, hace de un modo muy personal de los fenómenos naturales el propósito de sus piezas. La verdad de esta afirmación es solo un ejemplo de que las diferentes artes de nuestro tiempo aprenden unas de otras y a menudo se parecen en sus objetivos. Pero sería atrevido afirmar que la importancia de Debussy se agota en esto que se ha dicho. A pesar del punto de contacto con los impresionistas, el afán de contenido interior de este músico es tan intenso que uno reconoce inmediatamente en sus obras el alma disonante de nuestro tiempo, con todo su sufrimiento atormentado y su trastorno nervioso. Por otra parte, ni siquiera en sus obras «impresionistas» se sirve Debussy de las notas totalmente materiales que caracterizan a la

---

permanecer en una habitación donde antes había una persona que les repugna espiritualmente, aunque no sepan que estuvo allí.

música programática, sino que se limita a explotar el valor interior de la apariencia.

La música rusa (Músorgski) ejerció una gran influencia sobre Debussy. Por eso no es de extrañar que tenga cierta afinidad con los jóvenes compositores rusos, entre los que hay que contar en primer lugar a Scriabin. Hay un sonido interior afín en las composiciones de ambos; y el mismo error suele fastidiar al oyente: ambos compositores abandonan de repente del reino de la «nueva fealdad» y siguen el encanto de la «belleza» más o menos convencional. El oyente se siente a menudo insultado por sentirse lanzado, como si fuera una pelota de tenis, por encima de la red que separa a los dos bandos enfrentados, el de lo «bello» exterior y el de lo «bello» interior. A lo bello interior se accede renunciando a la belleza convencional por una imperiosa necesidad interior. Para quienes no están acostumbrados a ella, esta belleza interior parece naturalmente fea, ya que la gente tiende por lo general hacia lo externo y no le gusta reconocer la necesidad interior (¡especialmente en nuestros días!). El compositor vienés Arnold Schönberg es todavía hoy el único que ha renunciado completamente a la belleza convencional, santificando todos los medios que conducen a la autoexpresión. Este «publicista», este «estafador», este «chapucero» dice en su teoría de la armonía: «Todo acorde, toda progresión es posible. Pero ya hoy siento que hay ciertas condiciones de las que depende que utilice esta o aquella disonancia»[10].

Aquí Schönberg viene precisamente a decirnos que la libertad —que ha de ser el medio incondicional del arte—, por muy grande que sea, no puede ser absoluta. Cada época tiene su propia medida de esta libertad. Y ni la fuerza más genial puede saltar más allá de los límites de esta libertad. Pero esta medida debe en cualquier caso agotarse, y se agota en cada ocasión, ¡pese a quien pese y caiga quien caiga! Schönberg también busca agotar esta libertad, y en el camino hacia la necesidad interior ya ha descubierto minas de oro de nueva belleza. La música de Schönberg nos introduce en un nuevo reino en el que las experiencias musicales no

---

[10] "Die Musik", X, 2, p. 104, extracto de *Harmonielehre* (publicado por Universal Edition).

son ya acústicas, sino puramente anímicas. Aquí comienza la «música del futuro».

En pintura, tras la época idealista vienen los esfuerzos impresionistas, que terminarán adoptando su postura más dogmática, con fines puramente naturalistas, en la teoría del neoimpresionismo, que al mismo tiempo llega a lo abstracto: su teoría (un método que considera universal) no consiste en fijar una porción aleatoria de la naturaleza en el lienzo, sino en representar la naturaleza en todo su esplendor y magnificencia[11].

*****

Más o menos al mismo tiempo observamos tres fenómenos bastante diferentes: Rosetti y su discípulo Burne-Jones, y los seguidores de este; Böcklin con su seguidor Stuck y sus sucesores; y Segantini, cuyos imitadores formales conforman un séquito despreciable.

---

[11] Véase, por ejemplo, Paul SIGNAC, "De Delacroix au Neoimpressionisme" (publicado en alemán por Axel Juncker, Charlottenburg, 1910).

He escogido estos tres nombres por considerarlos característicos de la búsqueda en el ámbito de lo no material. Rosetti recurrió a los prerrafaelitas y trató de revivir sus formas abstractas. Böcklin se adentró en el terreno de lo mitológico y los cuentos de hadas, por lo que, a diferencia de Rosetti, revistió sus figuras abstractas de formas físicas materiales fuertemente desarrolladas. Segantini, que exteriormente es el más materialista de esta serie, tomaba formas naturales completamente acabadas que a veces trabajaba hasta el más mínimo detalle (por ejemplo, cadenas montañosas, también piedras, animales, etcétera). Siempre supo crear figuras abstractas a pesar de la forma visiblemente material, lo que le convierte quizás en el más inmaterial de estos artistas. Todos ellos buscaron lo interior en lo exterior.

Cézanne, el buscador de la nueva ley de la forma, abordó una tarea similar de un modo diferente, más cercano a los medios pictóricos puros. Supo crear un ser animado a partir de una taza de té o, dicho con más exactitud, reconocer un ser en dicha taza. Elevó la *nature morte* a una altura en la que las cosas exteriormente «muertas» cobraban vida. Trató estas cosas como si fueran personas, pues era capaz de ver la vida interior en todas partes. Creó la expresión cromática de los objetos, su posibilidad pictórica interna, introduciéndola en una forma que se dibuja en fórmulas abstractas que resuenan, que irradian armonía, muchas veces matemática. No representa a una persona, ni una manzana, ni un árbol; Cézanne utiliza todos estos elementos para gestar un objeto de resonancia interior pictórica al que llama una «imagen». Este es también el nombre que da a sus obras uno de los más grandes de los últimos pintores franceses, Henri Matisse. Pinta «imágenes» y en estas «imágenes» pretende interpretar lo «divino»[12]. Para ello, no necesita más medios que el objeto (el hombre u otra cosa) como punto de partida y los medios inherentes a la pintura y solo a ella: el color y la forma.

Guiado por cualidades puramente personales y, como buen francés, dotado de un extraordinario sentido del color, Matisse hace de este el eje central de su obra. Al igual que

---

[12] Véase su artículo en *Kunst und Künstler*, 1909, número VIII.

Debussy, no siempre fue capaz de liberarse de la belleza convencional: el impresionismo corría por sus venas. Y así como Matisse tiene cuadros de una gran vitalidad interior, evocados por la compulsión de la necesidad interior, uno se encuentra también con otros que fueron creados principalmente por estímulos externos (¡cómo recuerdan a Manet!), que poseen principal o exclusivamente vida exterior. En ellos, la belleza específica de la pintura francesa, refinada, exquisita y puramente melódica se eleva a una altura fría al transitar por encima de las nubes.

El otro gran parisino, el español Pablo Picasso, nunca cae en esta belleza convencional. Siempre llevado por la compulsión de expresarse, a menudo tempestuosamente arrastrado, Picasso se lanza de un medio exterior a otro. Si hay una brecha entre estos medios, Picasso da un gran salto y se sitúa al otro lado, para horror de la multitud de sus seguidores, que creían estar a punto de alcanzarle y deben comenzar de nuevo su persecución montaña arriba y montaña abajo. Así surgió el último movimiento «francés» del cubismo, que se analiza en detalle en la segunda parte de este libro. Picasso pretendía alcanzar lo constructivo mediante relaciones numéricas. En sus últimas obras (1911) llegó a la destrucción de lo material a través de la lógica; no disolviéndolo, sino mediante una especie de fragmentación de las partes individuales y la dispersión constructiva de estas partes sobre el lienzo. Lo curioso es que parece querer conservar una apariencia de materialidad. Picasso no retrocede ante nada; si el color le molesta en el acabado de una figura pictórica, lo tira por la borda y pinta un cuadro con marrón y blanco. Estos problemas son también su principal fuerza. Matisse, el color, Picasso, la forma: dos grandes direcciones hacia una gran meta.

IV.
LA PIRÁMIDE

POCO A POCO, LAS DIVERSAS artes se disponen a decir lo que pueden decir mejor, y por los medios de expresión que son exclusivos de cada una de ellas. Y a pesar o gracias a esta diversidad, las artes no han estado nunca más cerca unas de otras que en esta última hora del cambio de rumbo espiritual.

En todo lo que se ha mencionado están el germen del esfuerzo hacia lo no natural, lo abstracto y la naturaleza interior. De manera consciente o inconsciente, todo aquello obedece al mandato de Delfos: «Conócete a ti mismo». Consciente o inconscientemente, los artistas se vuelven poco a poco principalmente hacia su material, lo escrutan y sitúan en la escala espiritual el valor interior de los elementos a partir de los cuales pueden crear.

Y este esfuerzo produce por sí mismo esta consecuencia natural: la comparación de los elementos propios con los de otras artes. Se extrae la lección más rica cuando se compara con la música. Con algunas excepciones y desvíos, la música ha sido durante varios siglos el arte que ha utilizado sus medios no para representar los fenómenos de la naturaleza, sino para expresar la vida espiritual del artista y crear una vida única hecha de tonos musicales.

Aquel artista que no cree que su objetivo sea la imitación artística de los fenómenos naturales, sino que lo que pretende es expresar su mundo interior, ve con envidia cómo ese fin pueden alcanzarse de forma natural y fácil en el arte más inmaterial que existe: la música. Es comprensible que se vuelva hacia ella e intente encontrar medios expresivos similares en su arte. De ahí la búsqueda actual en la pintura del ritmo, de la construcción matemática y abstracta, la apreciación actual de la repetición del tono cromático, de la forma en que el color se pone en movimiento, etcétera.

Esta comparación entre los medios de las artes más diversas y esta búsqueda de inspiración de un arte en otro solo pueden tener éxito si no es externa, sino de principio. Dicho de otro modo: un arte debe aprender del otro cómo trata sus medios, debe aprender a tratar sus propios medios de la misma manera, quiere decir, según el principio que le es propio. En este aprendizaje, el artista no debe olvidar que cada medio alberga una aplicación idónea y que la cuestión es precisamente encontrarla.

En cuanto a la aplicación de la forma, la música puede lograr resultados que la pintura no puede. Por otra parte, la música va por detrás de algunas de las cualidades de la pintura. Por ejemplo, la música dispone del tiempo, de la extensión del tiempo. En cambio, la pintura, al no disponer de la ventaja mencionada, puede hacer llegar al espectador todo el contenido de la obra en un instante, algo de lo que tampoco es capaz la música[1]. La música,

---

[1] Estas diferencias deben entenderse de forma relativa, como todo en este mundo. En cierto sentido, la música puede evitar la extensión en el tiempo y la pintura puede aplicarla. Como ya he dicho, todas estas afirmaciones tienen un valor relativo.

que está completamente emancipada de la naturaleza, no necesita tomar prestadas formas externas para su lenguaje[2]. La pintura actual, por el contrario, sigue dependiendo casi por completo de las formas naturales, de las formas tomadas de la naturaleza. Y su tarea hoy consiste en examinar sus poderes y medios, familiarizarse con ellos, como hace tiempo que hace la música, e intentar utilizar estos medios y poderes de una manera puramente pictórica con fines creativos.

Cuando profundiza en sí misma cada arte se separa del resto, y este proceso las vuelve a

---

[2] En sentido estricto, la música programática muestra lo lamentables que pueden ser los intentos de utilizar medios musicales para reproducir formas externas. Recientemente se han hecho experimentos de este tipo. Imitar cantos de rana, gallineros o al afilador es probablemente muy digno si hablamos de un teatro de variedades y puede ser bastante divertido como entretenimiento. Pero en la música seria tales excesos no dejan de ser meros ejemplos del fracaso al que conduce «imitar a la naturaleza». La naturaleza tiene su propio lenguaje, que nos afecta con un poder insuperable. Este lenguaje no puede imitarse. Si se representa musicalmente un gallinero para poner al oyente en el estado de ánimo de la naturaleza, queda claro que el empeño es imposible e innecesario. Dicho estado de ánimo lo puede crear cualquier arte, pero no por imitación externa de la naturaleza, sino por reproducción artística de este estado de ánimo en su valor interior.

unir en un empeño interior común. De este modo uno se da cuenta de que cada arte tiene sus propios poderes, que no pueden ser sustituidos por los de las otras. Así se llega finalmente a la unión de los poderes individuales de las distintas artes. Con el tiempo, esta unión dará lugar al arte que hoy ya se presiente: el verdadero arte monumental.

Y todo aquel que se sumerja en los tesoros interiores ocultos de su arte será un admirable colaborador en el empeño de erigir la pirámide espiritual que un día llegará hasta el cielo.

B.
LA PINTURA

V.
EL EFECTO DEL COLOR

Si DEJAMOS QUE NUESTRA mirada se deslice sobre una paleta llena de colores, se producen dos resultados principales:

1. Un efecto puramente físico, es decir, el propio ojo queda hechizado por la belleza y otras cualidades del color. El espectador experimenta una sensación de satisfacción, de alegría, como cuando un aficionado a la gastronomía tiene un manjar en la boca. El ojo es estimulado como el paladar por un plato sabroso. También se calma o se enfría de nuevo, como un dedo cuando toca el hielo. En cualquier caso, estas son sensaciones físicas, que como tales solo pueden ser de corta duración,

superficiales: no dejan ninguna impresión duradera en el alma, que permanece cerrada. Del mismo modo que solo se experimenta la sensación física de frío al tocar el hielo y se olvida después de que el dedo se haya calentado de nuevo, el efecto físico del color también se olvida cuando se aparta la vista. Y del mismo modo que la sensación física del frío del hielo, cuando penetra más hondo, puede despertar otros sentimientos más profundos y suscitar toda una cadena de experiencias psíquicas, la impresión superficial del color también puede convertirse en una vivencia.

Solo los objetos familiares tienen un efecto superficial en una persona medianamente sensible. En cambio, los que encontramos por primera vez nos causan inmediatamente una impresión psicológica. Así es como percibe el mundo un niño, para el que cada objeto es nuevo. Ve una llama, se siente atraído por ella, quiere tocarla, se quema el dedo y se vuelve temeroso y le da respeto esa llama. Luego aprende que el fuego tiene cualidades agradables y hostiles, que ahuyenta la oscuridad, prolonga el día, que puede calentar, cocinar y proporcionar entretenimiento. Una vez acumuladas estas experiencias, se familiariza con el fuego y lo que conoce de él se almacena en su cerebro. El interés y la curiosidad desaparecen y la capacidad de la llama para proporcionar un espectáculo se topa con la indiferencia. Así es como el mundo, paulatinamente, se desencanta. Sabemos que los árboles dan sombra, que los caballos pueden correr rápido y los coches aún más, que los perros muerden, que la luna está muy lejos y que la imagen del espejo no es real.

A medida que el ser humano se desarrolla, es mayor el número de cualidades que atribuye a los objetos y a los seres. Con el desarrollo superior estos objetos y seres adquieren valor interior y hasta un sonido interior. Lo mismo ocurre con el color, que solo puede producir un efecto superficial cuando la sensibilidad es baja, un efecto que desaparece poco después de que el estímulo haya terminado. Pero incluso siendo este efecto el más simple lo hay de diversos tipos. Por ejemplo, el ojo se siente atraído por los colores claros, y aún con más intensidad por los que resultan cálidos: el rojo atrae y excita, como la llama, que el hombre mira siempre con avidez. El amarillo limón, estridente, hiere el ojo si se contempla mucho tiempo, como una trompeta aguda que se oye largamente afecta al oído. El ojo se inquieta, no puede soportar su visión durante mucho tiempo y busca profundidad y descanso en el azul o el verde. En un nivel de sensibilidad más elevado, el efecto superficial causa otro más hondo: una vibración del alma. Aquí entra ya en consideración:

2. El segundo resultado principal de la observación del color, que es el efecto psíquico que produce. Aquí se manifiesta la fuerza psíquica del color, que provoca una vibración del alma. La fuerza física elemental pasa a ser la vía por la que el color llega al alma.

Queda por saber si este segundo efecto es realmente directo, como puede deducirse de las últimas líneas, o si se consigue por asociación. Como el alma suele estar firmemente conectada con el cuerpo, es posible que una conmoción psíquica produzca la otra sencillamente por asociación. Por ejemplo, el color rojo puede provocar una vibración psíquica similar a la llama, ya que el rojo es el color de la llama. El color rojo cálido tiene un efecto excitante, este rojo puede elevarse al nivel de la vergüenza dolorosa, quizás también debido a su semejanza con la sangre que fluye. Aquí, pues, este color recuerda a otro agente físico, que necesariamente tiene un efecto desagradable sobre el alma.

Si así fuera, encontraríamos fácilmente por asociación una explicación de los demás efectos físicos del color, es decir, de los efectos no solo sobre el órgano de la vista, sino también sobre los demás sentidos. Podemos suponer, por ejemplo, que el color amarillo claro produce una sensación ácida por asociación con el limón.

Sin embargo, no es posible hacer este tipo de generalizaciones. En cuanto al sabor del color, se conocen varios ejemplos en los que esta explicación no funciona. Un médico de Dresde cuenta de uno de sus pacientes, al que caracteriza como una persona de «un nivel intelectual inusualmente alto», que siempre que saboreaba una determinada salsa le parecía «azul», es decir, la percibía como de color azul[1]. Quizá se podría suponer una explica-

---

[1] DOCTOR FREUNDBERG, "Spaltung der Persönlichkeit", en *Übersinnliche Welt*, 1908, núm. 2, pp. 64-65. En la obra se habla

ción similar pero diferente, a saber, que los caminos hacia el alma son tan directos en las personas de alta sensibilidad y las impresiones del alma se pueden alcanzar tan rápidamente que un efecto que pasa por el gusto llega inmediatamente al alma y resuenan los caminos correspondientes del alma a otros órganos materiales (en nuestro caso el ojo). Estaríamos ante una especie de eco o reverberación, como ocurre con los instrumentos musicales cuando, sin ser tocados directamente, vibran al unísono con otro. Esas personas tan sensibles son como los violines a los que se da un buen uso, que con cada ligero contacto del arco vibran en todas sus partes y fibras.

Si se aceptase esta explicación, habría que admitir que la vista está conectada no solo con el gusto, sino también con todos los demás sentidos. Es justamente lo que ocurre. Algunos colores pueden parecer ásperos y picantes, mientras que otros se perciben como

---

igualmente de la audición de los colores (p. 65); el autor señala que las tablas comparativas no establecen una ley general. Cf. SABANEJEFF en el semanario "Musik", Moscú 1911, n.º 9: Aquí se habla con certeza del inminente descubrimiento de una ley.

suaves y aterciopelados: lo invitan a uno a aca-
riciarlos (pasa con el azul ultramarino oscuro,
el verde óxido cromado, la laca de granza).
Incluso la diferencia entre tonos fríos y cálidos se basa en esta sensación. También hay
colores que parecen suaves (la laca de granza)
u otros que parecen siempre duros (verde co-
balto, óxido verdeazulado), de modo que
nada más salen del tubo ya parecen secos. Es
corriente, por otro lado, la expresión «colores
fragantes».

Por último, la cualidad acústica de los colores es tan precisa que a nadie se le ocurriría
reproducir la impresión que produce un amarillo claro en las teclas graves del piano o describir la laca de granza oscura como una voz
de soprano[2].

---

[2] Ya se ha realizado mucho trabajo teórico y práctico en este
campo. Sobre la base de la semejanza múltiple (también de la vibración física del aire y de la luz) se aspira también a que la pintura construya su contrapunto. Por otra parte, en la práctica se ha
intentado con éxito imprimir una melodía a niños que no son
muy musicales con la ayuda de los colores (por ejemplo, pintando). A. Sacharjin-Unkowsky lleva muchos años trabajando en este
campo y ha desarrollado un método especial preciso para «copiar
la música de los colores de la naturaleza, pintando los sonidos de la
naturaleza, ver los sonidos en colores y oír los colores musicalmen-

Sin embargo, esta explicación (la que toma pie en la asociación) no bastará en algunos casos que revisten especial importancia para nosotros. Cualquiera que haya oído hablar de la cromoterapia sabe que la luz de color puede tener un efecto muy especial en todo el cuerpo. Se han hecho varios intentos para explotar este poder del color y aplicarlo a diversas enfermedades nerviosas; se ha comprobado que la luz roja tiene un efecto vigorizante y excitante sobre el corazón, mientras que la luz azul puede conducir a una parálisis transitoria. Si este efecto también puede observarse en animales e incluso en plantas, como es el caso, la explicación de la asociación desaparece por completo. De cualquier forma, estos hechos demuestran que el color alberga un poder enorme —si

---

te». Este método se utiliza desde hace años en la escuela de su inventora y ha sido reconocido como apropiado por el Conservatorio de San Petersburgo. Por otra parte, Scriabin elaboró una tabla paralela de tonos musicales cromáticos por medios electrónicos, muy similar a la tabla más física de la señorita Unkowsky. Scriabin aplicó su principio de forma convincente en *Prometeo: el poema del fuego, op. 60* (véase la tabla en el semanario "Musik", Moscú, 1911, n.º 9).

bien poco estudiado— que puede influir en todo el cuerpo humano como organismo físico.

Pero si la asociación no nos parece suficiente en este caso, tampoco podemos contentarnos con esta explicación del efecto del color sobre la psique. En general, pues, el color es un medio de ejercer una influencia directa sobre el alma. El color es la tecla, el ojo, el martillo que golpea la tensada cuerda, y el alma es el piano con sus cuerdas. El artista es la mano que hace vibrar el alma humana presionando las diversas teclas.

Así pues, está claro que las armonías del color deben descansar únicamente sobre el principio del contacto intencionado del alma humana. A esta base la llamaremos «el principio de la necesidad interior».

VI.
EL LENGUAJE DE LA FORMA
Y EL COLOR

«El hombre que no alberga música en sí mismo,
a quien la concordia de dulces tonos no
conmueve, es apto para la traición, para el robo,
para la alevosía, el movimiento de su espíritu
es plano como la noche, sus esfuerzos tan
sombríos como los de Érebo: no confíes
en nadie así. ¡Escucha la música!»[1]

(Shakespeare, *El mercader de Venecia*)

EL TONO MUSICAL tiene acceso directo al
alma. Inmediatamente encuentra resonancia
en ella, ya que el hombre «alberga música en
sí mismo», como también dijo Goethe.

---

[1] *The man that hath no music in himself, | Nor is not moved with concord of sweet sounds, | Is fit for treasons, stratagems and spoils; | The motions of his spirit are dull as night | And his affections dark as Erebus: | Let no such man be trusted. Mark the music.*

«Todo el mundo sabe que el amarillo, el naranja y el rojo infunden y representan ideas de alegría y riqueza» (Delacroix)[2].

Estas dos citas muestran la profunda afinidad entre las artes en general y la música y la pintura en particular. Goethe tenía la idea de que la pintura debe tener su bajo continuo, lo cual basaba sin duda en esta sorprendente relación entre trazos de color y notas. Esta profética afirmación de Goethe es una premonición de la situación en la que se encuentra la pintura hoy en día. Esta situación es el punto de partida del camino por el que la pintura crecerá hacia el arte en sentido abstracto con la ayuda de sus medios, el estadio en el que finalmente alcanzará la composición puramente pictórica. Para hacerlo dispone de dos medios: el color y la forma.

La forma por sí sola, como representación del objeto (real o irreal) o como delimitación puramente abstracta de un espacio, de una superficie, puede existir de manera independiente. No así el color, que no puede

---

[2] P. Signac op. cit. Véase también el interesante artículo de K. Scheffler, "Notizen über die Farbe", *Dekorative Kunst*, febrero de 1901.

extenderse ilimitadamente. El rojo ilimitado solo puede concebirse intelectualmente. Cuando oímos la palabra «rojo», este rojo no tiene límites en nuestra imaginación; solo forzándonos podríamos imaginarlos. El rojo que no se ve materialmente, sino que se imagina en abstracto, despierta una cierta idea interior, precisa e imprecisa al mismo tiempo, que tiene un sonido puramente interior, físico[3]. Este sonido rojo de la palabra tampoco tiene una transición específicamente pronunciada a cálido o frío. También hay que pensar que se trata de finas gradaciones del tono rojo. Por eso llamo a esta visión mental «imprecisa». También es, sin embargo, precisa, ya que el sonido interior permanece puro, sin tendencias adicionales hacia el calor o el frío que lo delimiten. Este sonido interior es similar al sonido de una trompeta o de un instrumento, que uno imagina al oír la palabra «trompeta», en ausencia de detalles concretos. Uno se imagina el sonido en abstracto, sin las diferencias

---

[3] El resultado es muy similar al siguiente ejemplo con «árbol», en el que, no obstante, el elemento material de la concepción ocupa más espacio.

que sufre al sonar al aire libre, en una habitación cerrada, solo o con otros instrumentos, cuando lo produce un postillón, un cazador, un soldado o un virtuoso.

Pero si este rojo debe darse en forma material (como en la pintura), debe, uno, tener un tono determinado elegido entre la serie infinita de rojos diferentes, es decir, caracterizarse subjetivamente, por así decirlo; y dos, debe delimitarse en la superficie, delimitarse de otros colores que necesariamente están ahí, lo que no puede evitarse en ningún caso y por lo que (a través de la delimitación y la vecindad) la característica subjetiva cambia (recibe una envoltura objetiva): se obtiene de este modo una consonancia objetiva.

Esta relación ineludible entre color y forma nos lleva a observar los efectos que la forma ejerce sobre el color. La forma en sí, aunque sea completamente abstracta y geométrica, tiene su sonido interior, es un ente espiritual con características que son idénticas a esta forma. Un triángulo (sin importar que sea agudo, llano o isósceles) es una entidad de este tipo con su propio aroma espiritual. En combinación con otras formas, este aroma se diferencia, adquiere matices, pero en el fondo permanece inmutable, como el aroma de la rosa, que nunca puede confundirse con el de la violeta. Lo mismo ocurre con el círculo, el cuadrado y todas las demás formas posibles[4]. Ocurre lo mismo que antes con el rojo: hay una sustancia subjetiva en una envoltura objetiva.

La relación entre la forma y el color se evidencia aquí claramente. Un triángulo amarillo, un círculo azul, un cuadrado verde, otro triángulo verde, un círculo amarillo, un cuadrado azul y así sucesivamente: son todos entes muy diferentes y de aspecto completamente distinto.

Es fácil darse cuenta de que el valor de algunos colores se acentúa con algunas formas y se atenúa con otras. En cualquier caso, los colores agudos poseerán una mayor resonancia cualitativa en formas agudas (por ejemplo, el amarillo en un triángulo). Los colores que tienden a la profundidad se acentúan en este efecto con las formas redondas (por ejemplo, el azul en un círculo). Por otra parte, está

---

[4] La dirección en la que, por ejemplo, se coloca el triángulo, es decir, el movimiento, también desempeña un papel significativo. Esto es de gran importancia para la pintura.

claro que la no coincidencia de la forma con el color no debe verse como algo «inarmónico», sino al contrario, como una nueva posibilidad de armonía.

Como el número de colores y formas es infinito, también lo son las combinaciones y, al mismo tiempo, los efectos. Este material es inagotable.

*****

En cualquier caso, la forma en sentido estricto no es más que la delimitación de una superficie de otra. Esta es su denominación exterior. Pero como todo lo exterior alberga también necesariamente algo interior, toda forma tiene también un contenido interior que se manifiesta con mayor o menor fuerza[5]. La forma es, pues, la expresión del contenido interior. Aquí debemos pensar en el ejemplo del piano

---

[5] Si una forma parece indiferente y, como se suele decir, «no dice nada», esto no debe entenderse en sentido literal. No hay forma, como no hay nada en el mundo que no diga nada. Sin embargo, este decir a menudo no llega a nuestra alma, concretamente cuando lo que se dice es indiferente en sí mismo o, por decirlo con más propiedad, no se ha colocado en el lugar adecuado.

dado hace un momento, donde en lugar de «color» pusimos «forma»: el artista es la mano que intencionadamente hace vibrar el alma humana a través de tal o cual tecla (= forma). Así queda claro que la armonía formal solo se basa en el principio del contacto intencionado con el alma humana que hemos denominado «principio de necesidad interior».

Las dos caras de la forma mencionadas son al mismo tiempo sus dos metas. De ahí que la delimitación exterior sea exhaustivamente conveniente cuando pone de manifiesto de la manera más expresiva el contenido interior de la forma[6]. La delimitación exterior, que en este caso sirve de único medio a la forma, puede ser muy diversa. Pero a pesar de toda la diversidad que la forma puede ofrecer, nunca irá más allá de dos límites externos, a saber:

—o bien la forma sirve para recortar un objeto material de la superficie a través

---

[6] Esta cualidad «expresiva» debe entenderse correctamente: a veces la forma es expresiva cuando está apagada. A veces la forma es más expresiva cuando no llega al límite final, cuando se queda en mera insinuación que solo señala el camino hacia la expresión externa.

de esta delimitación, es decir, para dibujar este objeto material en la superficie;
—o bien la forma sigue siendo abstracta, es decir, no denota un objeto real, sino que es un ente completamente abstracto. Estos entes puramente abstractos, que como tales tienen su vida, su influencia y su efecto, son un cuadrado, un círculo, un triángulo, un rombo, un trapecio y las innumerables otras formas que se vuelven cada vez más complejas y no tienen designación matemática. Todas estas formas son ciudadanos iguales del reino abstracto.

Entre estos dos límites se encuentra un número infinito de formas en las que están presentes ambos elementos y en las que predomina unas veces lo material y otras lo abstracto.

Estas formas son actualmente el tesoro del que el artista toma los elementos individuales para sus creaciones.

Hoy en día, el artista no puede arreglárselas con formas puramente abstractas que le resultan demasiado imprecisas. Limitarse a lo impreciso es privarse de posibilidades y excluir lo puramente humano, empobreciendo los medios de expresión propios.

Por otra parte, en el arte no existe ninguna forma completamente material. No es posible reproducir exactamente una forma material: para bien o para mal, el artista está sujeto a su ojo, a su mano, que en este caso son más artísticos que su alma, que no quiere ir más allá de los objetivos fotográficos. El artista consciente, sin embargo, el que no puede contentarse con registrar el objeto material, busca a toda costa dar expresión al objeto a representar, lo que en el pasado se llamaba idealizar, más tarde estilizar y mañana se llamará de otra manera[7].

---

[7] La esencia de la «idealización» residía en el empeño por embellecer la forma orgánica, por hacerla ideal, con lo que lo esquemático afloraba fácilmente y el sonido interior de lo personal quedaba silenciado. La «estilización», que creció más a partir de la base impresionista, tenía como objetivo primordial no el «embellecimiento» de la forma orgánica, sino su fuerte caracterización mediante la omisión de detalles incidentales. Por esta razón, el sonido creado aquí tenía un carácter totalmente personal, pero con una apariencia predominantemente expresiva. El próximo tratamiento y alteración de la forma orgánica tiene como objetivo exponer el sonido interior. La forma orgánica ya no sirve aquí como objeto directo, sino que es simplemente un elemento del lenguaje divino, que necesita de lo humano, ya que se dirige a los humanos a través de los humanos.

Esta imposibilidad e inutilidad —en arte— de copiar el objeto sin un fin concreto, este esfuerzo por tomar prestado lo expresivo del objeto, aquí está el punto de partida para el artista que comienza a esforzarse a ir más allá de la coloración «literaria» del objeto, encaminándose hacia fines puramente artísticos (o pictóricos). Este camino conduce a la composición.

*****

La composición puramente pictórica tiene dos tareas en relación con la forma:

— la composición general del cuadro;
— la creación de las formas individuales, que, en diversas combinaciones entre sí, se subordinan a la composición general[8]. De este modo, en el cuadro varios objetos (reales y posiblemente abstractos) se

---

[8] Por descontado, la composición general puede consistir en composiciones autónomas más pequeñas que son exteriormente incluso hostiles entre sí, pero que, sin embargo, sirven (en este caso precisamente a través de la hostilidad) a la composición general. Estas composiciones más pequeñas consisten en formas individuales de distinto cromatismo interior.

subordinan a una gran forma y se alteran de tal manera que encajan en esta forma, componen esta forma. En este caso, la forma individual puede seguir siendo personalmente insignificante; sirve principalmente a la formación de la gran forma compositiva y debe considerarse ante todo como un elemento de esta forma. Esta forma individual está concebida de este modo y no de otro; no porque su propio sonido interior, aparte de la gran composición, lo exija necesariamente, sino en gran medida porque está destinada a servir como material de construcción de esa composición.

Aquí la primera tarea —la composición general del cuadro— se persigue como objetivo principal[9].

---

[9] Un buen ejemplo de ello son *Las grandes bañistas* de Cézanne, una composición triangular (¡el triángulo místico!). La construcción geométrica es un viejo principio que finalmente se abandonó porque degeneró en rígidas fórmulas académicas que ya no tenían ningún significado interior, ningún alma. La aplicación que Cézanne hace de este principio le confiere una nueva alma, haciendo hincapié en lo puramente pictórico y compositivo. El triángulo en este im-

De este modo, el elemento abstracto —que ayer aún era tímido y apenas visible y se ocultaba tras los esfuerzos puramente materialistas— va cobrando cada vez más protagonismo en el arte. Este crecimiento y eventual predominio de lo abstracto es natural, puesto que, cuanto más se aleja la forma orgánica, más aflora y cobra resonancia este elemento abstracto.

El resto orgánico, sin embargo, tiene su propio sonido interior, que o bien es idéntico al sonido interior del segundo componente de la misma forma (la simple combinación de los dos elementos) o también puede ser de naturaleza distinta (combinación compleja y tal vez necesariamente inarmónica). En cualquier caso, el elemento orgánico puede oírse en la forma elegida, aunque quede completamente

---

portante caso no es una ayuda para la armonización del grupo, sino el fin artístico expresado. Aquí la forma geométrica es al mismo tiempo un medio de composición en la pintura: se hace hincapié en el esfuerzo puramente artístico con una fuerte resonancia de lo abstracto. Por ello, Cézanne tiene razón al modificar las proporciones humanas; no solo toda la figura debe esforzarse por alcanzar el vértice del triángulo, sino que las partes individuales de los cuerpos también se ven impulsadas cada vez con más fuerza hacia arriba desde abajo, como arrastradas por una tormenta interior, volviéndose cada vez más ligeras y expandiéndose visiblemente.

relegado a un segundo plano. Por eso es importante la elección del objeto real. En el doble sonido —acorde espiritual— de los dos componentes de la forma, lo orgánico puede apoyar lo abstracto (a través de la resonancia o el eco) o perturbarlo. El objeto puede formar un sonido meramente incidental que, al ser sustituido por otro, no produce ningún cambio significativo en el sonido básico.

Pongamos que una serie de figuras humanas forman una composición romboide. Analizándolas intuitivamente surge la pregunta: ¿son las figuras humanas absolutamente necesarias para la composición o podrían sustituirse por otras formas orgánicas de tal manera que el sonido básico interior de la composición no sufriera por ello? En este segundo caso, estamos ante una situación en la que el sonido del objeto no solo no ayuda al sonido de lo abstracto, sino que directamente lo perjudica: el sonido indiferente del objeto apaga el elemento abstracto. Y esto no ocurre tan solo en términos lógicos, sino también artísticos. Se trataría entonces de dar con un objeto más adecuado para el sonido interior de lo abstracto (adecuado como resonancia o eco),

o bien de adoptar una forma puramente abstracta. También en este caso vale recurrir al
ejemplo del piano. En lugar del «color» y la
«forma», habría que situar el «objeto». Todo
objeto (independientemente de si ha sido creado directamente por la «naturaleza» o por la
mano del hombre) es un ente con vida propia
y un efecto que fluye inevitablemente. El hombre está constantemente expuesto a este efecto
psíquico. Muchos de sus resultados permane-
cerán en el «subconsciente» (donde son igual
de vivos y creativos). Muchos emergerán a la
conciencia. El hombre puede evitarlos cerrán-
doles el acceso a su alma. La «naturaleza», es
decir, el entorno exterior del hombre, que cambia constantemente, hace vibrar sin cesar las
cuerdas del piano (el alma) a través de las teclas
(los objetos). Estos efectos, que a menudo nos
parecen caóticos, constan de tres elementos: el
efecto cromático del objeto, el de su forma y
el efecto del propio objeto, que es independiente del color y la forma.

Si sustituimos la naturaleza por el artista,
que posee los mismos tres elementos, llegamos a la conclusión de que también en este
caso el objetivo es decisivo. Así pues, está

claro que la elección del objeto (= la resonancia del elemento en la armonía de la forma) debe descansar únicamente en el principio del contacto adecuado con el alma humana.

De modo que la elección del objeto también surge del principio de la necesidad interior.

Cuanto más libre es la forma abstracta, más pura y primitiva suena. Así, en una composición en la que lo físico es más o menos superfluo, dicho elemento también puede ser más o menos omitido y sustituido por formas puramente abstractas o formas físicas completamente traducidas a lo abstracto. En cada caso de esta traducción o composición de la forma puramente abstracta, el único juez, guía y equilibrador debe ser la intuición. Y, por supuesto, cuanto más recurra el artista a estas formas abstractas o abstraídas, más a gusto se sentirá en ese terreno y más se adentrará en él. Lo mismo le ocurre al espectador: guiado por el artista, adquiere cada vez más conocimientos del lenguaje abstracto y finalmente lo domina.

Nos enfrentamos entonces a la pregunta: ¿no deberíamos prescindir por completo de lo figurativo, dispersarlo de nuestro almacén a los cuatro vientos y exponer por completo lo puramente abstracto? Esta es la cuestión que surge naturalmente y que, al separar los dos elementos de la forma (lo representativo y lo abstracto), nos conduce inmediatamente a la respuesta. Del mismo modo que cada palabra que se pronuncia (árbol, cielo, hombre) despierta una vibración interior, también lo hace cada objeto representado figurativamente. Privarse de esta posibilidad de provocar una vibración sería disminuir el arsenal de los propios medios de expresión. Al menos esta es la situación actual. Pero aparte de esta respuesta actual, la cuestión planteada anteriormente tiene otra, que sigue siendo la respuesta eterna en el arte a todas las cuestiones que apunten a un «deber»: no hay «deber» que valga en el arte, que es eternamente libre. El arte huye del «deber» como el día huye de la noche.

Al considerar la segunda tarea compositiva, la creación de las formas individuales destinadas a construir la composición general, también hay que señalar que la misma forma, en condiciones idénticas, siempre suena igual. Lo que ocurre es que las condiciones son siempre distintas, de lo que se derivan dos consecuencias:

—el sonido ideal se modifica al combinarse con otras formas; y

—también cambia en el mismo entorno
(en la medida en que es posible conser-
varlo) cuando la forma en cuestión sufre
un cambio de dirección[10].

De estas dos consecuencias, se desprende otra:
que no hay nada absoluto. La composición de
las formas, que descansa en esta relatividad,
depende, uno, de la modificación del orden
de las formas, y dos, de la modificación de
cada forma individual hasta el más mínimo
detalle. Cada forma es tan sensible como una
bocanada de humo: el más mínimo desplazamiento imperceptible de cualquiera de sus
partes la modifica significativamente. Hasta
tal punto es así que quizá sea más fácil conseguir el mismo sonido a través de formas diferentes que expresarlo de nuevo mediante la
repetición de la misma forma: una repetición

---

[10] Lo que llamamos movimiento; por ejemplo, un simple
triángulo con un vértice dirigido hacia arriba transmite una sensación de calma, parece más inmóvil y estable que el mismo triángulo inclinado sobre la superficie.

verdaderamente exacta está más allá de lo posible. Mientras captemos la composición como una totalidad, este hecho tiene una importancia que no deja de ser teórica. Pero cuando las personas, por el uso de formas semiabstractas y abstractas (que no recibirán ninguna interpretación de lo físico), desarrollen una sensibilidad más fina y profunda, este hecho será cada vez más importante en la práctica. Lo que ocurrirá es que, por un lado, crecerán las dificultades del arte, pero al mismo tiempo también crecerá cuantitativa y cualitativamente la riqueza de las formas en los medios de expresión. Al mismo tiempo, la costumbre de «poner etiquetas» caerá por sí sola y será sustituida por otra mucho más artística: ¿hasta qué punto el sonido interior de la forma dada está velado o expuesto? Este cambio de punto de vista llevará el arte aún más lejos y enriquecerá aún más los medios de expresión, ya que la ocultación es un poder enorme en el arte. La combinación de lo velado y lo expuesto formará una nueva posibilidad para los *leitmotivs* de una composición de formas.

Sin esta evolución la composición de formas seguiría siendo imposible. Quien no capte el sonido interior de la forma (de la física y sobre todo de la abstracta), tal composición le parecerá siempre una arbitrariedad sin fondo. En este caso, el desplazamiento aparentemente intrascendente de las formas individuales en el plano pictórico parece un juego formal gratuito. Pero aquí rige también el mismo principio que hasta ahora hemos encontrado en todas partes como el único puramente artístico, libre de lo accesorio: el principio de la necesidad interior.

Si por motivos artísticos alteramos un rostro, por ejemplo, o partes diversas del cuerpo, tropezamos no solo con la cuestión pictórica, sino también con la anatómica, que constituye un estorbo para la intención pictórica y acarrea cuestiones de segundo orden. En nuestro caso, sin embargo, todo lo secundario desaparece por sí mismo y solo queda lo esencial: el fin artístico. Es precisamente esta posibilidad aparentemente arbitraria, pero en realidad estrictamente determinable, de cambiar las formas, una de las fuentes de una serie infinita de creaciones puramente artísticas.

La flexibilidad de la forma individual, su, por así decirlo, transformación orgánica interna, su dirección en el cuadro (movimiento), el predominio de lo físico o lo abstracto en esta forma individual por un lado y, por otro, la ordenación en una composición general de los diversos grupos formales, la combinación de las formas individuales con los grupos formales que crean la forma general del cuadro, además los principios de la armonía o contradicción de todas las partes mencionadas, es decir, la reunión de las formas individuales, la inhibición de una forma por otra, el empuje, la fuerza de arrastre y de disrupción de cada una, el tratamiento equitativo de los grupos de formas, la combinación de lo oculto con lo expuesto, la combinación de lo rítmico y lo arrítmico en la misma superficie, la combinación de las formas abstractas como puramente geométricas (simples o complejas) y geométricamente indeterminadas, la conjunción de los límites entre las formas (más o menos destacadas), etcétera; todos estos elementos hacen posible que haya un «contrapunto» puramente gráfico y conducen a él. Y este será el contrapunto del arte del blanco y negro mientras no se emplee el color.

El color, que en sí mismo ofrece un material contrapuntístico que alberga infinitas posibilidades, conducirá, en unión con el dibujo, al gran contrapunto pictórico con el que la pintura llegará también a la composición que, en tanto arte verdaderamente puro, se pondrá al servicio de lo divino. Es siempre la misma guía infalible la que la lleva a esta altura vertiginosa: ¡el principio de la necesidad interior!

* * *

La necesidad interior surge y está formada por tres razones místicas:

— todo artista, como creador, tiene que expresar lo que le es propio (elemento de la personalidad);

— todo artista, como hijo de su época, debe expresar lo que es peculiar de ella (elemento del estilo como valor intrínseco, compuesto por el lenguaje de la época y el lenguaje de la nación, mientras esta exista como tal);

— todo artista, como servidor del arte, tiene que expresar lo que es propio del arte en general (elemento de lo pura y eternamente artístico, que atraviesa a todos los pueblos, naciones y épocas, puede verse en las obras de arte de todo artista, toda nación y toda época y, como elemento principal del arte, es ajeno al espacio y el tiempo).

Basta con penetrar en estos dos primeros elementos con el ojo del espíritu para que se manifieste el tercero. Comprendemos entonces que un pilar de templo indio «toscamente» tallado está completamente animado por la misma alma que una obra viva, por muy «moderna» que sea.

Se ha hablado y se sigue hablando mucho del impacto de la personalidad en el arte, y cada vez hay más comentarios acerca del estilo venidero. Aunque estas cuestiones son de gran importancia, pierden gradualmente su nitidez e importancia a lo largo de los siglos y, más tarde, de los milenios, llegando finalmente a resultar indiferentes y yermas.

Solo el tercer elemento de lo pura y eternamente artístico permanece eternamente vivo. No pierde su fuerza con el tiempo, gana relevancia sin descanso. Una escultura egipcia nos estremece hoy ciertamente más de lo que pudo estremecer a sus contemporáneos: estaba todavía demasiado fuertemente ligada a sus contemporáneos por características de la época y de la personalidad que seguían vivas en aquel momento, de modo que su impacto quedó amortiguado por ellas. Hoy oímos en ella el sonido desnudo del arte eterno. Por otra parte, cuanto más tenga una obra «contemporánea» de los dos primeros elementos, más fácil le resultará naturalmente acceder al alma de sus contemporáneos; y cuanto más presente esté el tercer elemento en la obra actual, más se ahogarán los dos primeros, haciendo más difícil el acceso al alma de los contemporáneos. Por eso, a veces tienen que pasar siglos para que el sonido del tercer elemento llegue al alma de la gente.

Por lo tanto, el predominio de este tercer elemento en la obra es el signo de su grandeza y de la grandeza del artista.

Estas tres razones místicas son los tres elementos necesarios de la obra de arte, que están firmemente conectados entre sí, es decir, se impregnan mutuamente, lo que expresa la unidad de la obra en todo momento. Sin embargo, los dos primeros elementos contienen lo temporal y lo espacial, y forman una cierta envoltura que opaca relativamente lo artístico puro y eterno, que se sitúa fuera del tiempo y del espacio. El proceso de desarrollo del arte consiste, por así decirlo, en la separación de lo puro y eternamente artístico del elemento de la personalidad y el del estilo de la época, dos elementos que no son solo fuerzas que coexisten, sino también fuerzas que frenan.

En cada época, los estilos personal y temporal crean muchas formas precisas que, a pesar de que sus diferencias aparenten ser muy grandes, están tan orgánicamente relacionadas que pueden describirse como una sola forma: su sonido interior es común a todas ellas.

Estos dos elementos son de naturaleza subjetiva. Toda una época quiere reflejarse a sí misma, expresar artísticamente su vida. Del mismo modo, el artista quiere expresarse y elige solo aquellas formas que le resultan anímicamente afines.

De manera gradual, finalmente, se conforma el estilo de la época, es decir, una determinada forma exterior y subjetiva. Lo pura y eternamente artístico, por otra parte, es el elemento objetivo, que se hace comprensible con la ayuda del subjetivo.

El deseo ineludible de lo objetivo de expresarse es la fuerza que hemos descrito como necesidad interior. Esta necesidad interior requiere hoy una forma general de lo subjetivo y mañana otra distinta. Esta voluntad de expresión es la incansable y constante palanca, la fuerza que impulsa constantemente «hacia delante». El espíritu avanza y, por tanto, las leyes interiores de armonía de hoy son las leyes exteriores de mañana, las leyes que solo perdurarán en virtud de una necesidad que se ha vuelto exterior. Está claro que el poder espiritual interior del arte hace de la forma de hoy solo un paso para alcanzar otras posteriores.

En resumen, el efecto de la necesidad interior, y por tanto el desarrollo del arte es una expresión progresiva de lo eterno-objetivo en lo temporal-subjetivo. De ahí, por otro lado, la lucha de lo subjetivo a través de lo objetivo.

Sin ir más lejos, la forma que hoy reconocemos es una conquista de la necesidad interior de ayer, que ha alcanzado cierto nivel exterior de liberación, de libertad. La libertad de hoy se obtuvo por medio de la lucha; como siempre, a muchos les parece «la última palabra». Uno de los postulados de esta libertad limitada es que el artista puede utilizar cualquier forma para expresarse siempre que se mantenga en el terreno de las formas tomadas de la naturaleza. Pero esta exigencia, como todas las anteriores, es solo temporal. Es la expresión exterior vigente, es decir, la necesidad exterior de hoy. Visto desde el punto de vista de la necesidad interior, no puede plantearse tal restricción, y el artista puede situarse enteramente sobre la base interior actual, de la que se elimina la restricción exterior actual. Con lo que llegamos a esto: el artista puede utilizar cualquier forma para expresarse.

Así vemos finalmente (y esto es de una importancia indescriptible para todos los tiempos, y especialmente los nuestros) que la búsqueda de lo personal, del estilo (y accesoriamente de lo nacional) no solo no puede lograrse por intención, sino que tampoco tiene la gran importancia que se le atribuye en la actualidad. Y se puede ver que la afinidad general de las obras, que no se ha debilitado con los milenios, sino que se ha fortalecido cada vez más, no reside en lo exterior, en la apariencia externa, sino en la raíz de las raíces, en el contenido místico del arte. Fácilmente se ve que aferrarse a la «escuela», perseguir la «línea general», exigir una obra de «principios» y ciertos medios de expresión específicos de la época solo puede llevar por el mal camino y ocasionar incomprensión, oscuridad y silenciamiento.

El artista debe ser ciego a la forma «reconocida» o «no reconocida», sordo a las enseñanzas y deseos de la época. Sus ojos abiertos deben dirigirse hacia su vida interior y sus oídos debe estar siempre orientados hacia el discurso de la necesidad interior. Entonces sabrá recurrir con la misma facilidad a todos los medios autorizados y a todos los medios prohibidos.

Esta es la única manera de expresar lo que es místicamente necesario. Todos los medios son santos si son interiormente necesarios. Todos los medios son pecaminosos si no brotan de la fuente de la necesidad interior.

Por otra parte, aunque hoy se pueda teorizar hasta el infinito acerca de este asunto, la teoría detallada resulta en cualquier caso prematura. En el arte, la teoría nunca precede ni sigue a la práctica, sino viceversa. Aquí todo es cuestión de intuición, sobre todo al principio. Solo a través de la intuición, especialmente al principio del camino, puede lograrse lo artísticamente correcto. Aunque la construcción general pueda lograrse de forma puramente teórica, este plus, que es la verdadera alma de la creación (su verdadera esencia), nunca es creado por la teoría y nunca se encuentra a menos que sea insuflado de repente en la creación de manera intuitiva. Puesto que el arte actúa sobre la sensibilidad, solo puede funcionar a través de ella. Con el cálculo matemático y la especulación deductiva, por más que se basen en medidas seguras y pesos exactos, nunca se obtendrán resultados artísticos. Esas medidas no se pueden plantear matemáticamente; tales pesos no pueden encontrarse[11]. Las proporciones y los equilibrios no

---

[11] El gran maestro polifacético Leonardo da Vinci ideó un sistema o escala de cucharitas con las que se podían medir diferentes colores. Su objetivo era lograr una armonización mecánica. Uno de sus alumnos tenía problemas con el uso de esta herramienta y, desesperado por su fracaso, preguntó a un compañero cómo utilizaba las cucharitas el propio maestro. «El maestro nunca las utiliza», respondió su colega. (MERESCHKOWSKI, *Leonardo da Vin-*

están fuera del artista, sino dentro de él; son lo que podríamos llamar igualmente su sentido del límite, su tacto artístico: las cualidades que son innatas al artista y que el entusiasmo eleva a una revelación genial. La posibilidad de aquel «bajo continuo» de la pintura al que se refería Goethe debe entenderse también en este sentido. Por ahora solo intuimos una gramática pictórica de este tipo; cuando finalmente se produzca, se construirá no tanto sobre la base de leyes físicas (como ya se ha intentado y se intenta de nuevo hoy en día con el «cubismo»), sino sobre las leyes de la necesidad interior, que podemos describir con toda paz como relativa al alma.

*****

Vemos por tanto que, en el fondo de todo pequeño problema de la pintura, igual que en el del más grande de todos, está lo interior. El camino en el que ya nos encontramos hoy, que constituye la mayor felicidad de nuestro

---

ci, traducción alemana de A. ELIASBERG, publicado por R. Piper & Co., Múnich).

tiempo, es el camino en el que nos desharemos de lo exterior[12] para sustituir esta base principal por otra opuesta: la de la necesidad interior. El espíritu, como el cuerpo, se fortalece y desarrolla con el ejercicio. Al igual que el cuerpo descuidado se debilita y acaba por volverse impotente, lo mismo ocurre con el espíritu. La intuición innata del artista es precisamente el talento evangélico que no debe enterrarse. El artista que no utiliza sus dones es un esclavo perezoso.

Por eso no solo no es nocivo, sino absolutamente necesario que el artista conozca el punto de partida de estos ejercicios, que

---

[12] El término «exterior» no debe confundirse aquí con el término «materia». Solo necesito el primer término como sustituto de la «necesidad exterior», que nunca puede llevar más allá de los límites de lo reconocido y, por tanto, de la «belleza convencional». La «necesidad interior» no reconoce estos límites y, por tanto, a menudo crea cosas que se acostumbran a calificar de «feas». «Feo» es, por tanto, sólo un término habitual, que sigue llevando una vida ilusoria durante mucho tiempo como resultado externo de una necesidad interior vigente en su tiempo, pero ya realizada. En ese tiempo pasado se calificaba de feo todo lo que no tenía conexión con la necesidad interior; al contrario, lo que estaba en conexión con ella se definía como bello. Y esto último con razón: todo lo que evoca la necesidad interior es bello e inevitablemente será reconocido como tal tarde o temprano.

consiste en la ponderación del valor interior de la materia en la gran balanza objetiva, es decir, el examen —en nuestro caso— del color, que en conjunto también debe tener un efecto sobre todo ser humano.

Por lo tanto, no es necesario ahondar en los entresijos profundos y sutiles del color, sino simplemente conseguir una representación elemental de los colores simples.

Nos concentramos primero en los colores aislados, dejando que actúen sobre nosotros siguiendo el esquema más sencillo posible y planteando la cuestión de la manera más sencilla posible.

Las dos divisiones principales que llaman inmediatamente la atención son:

—calidez y frialdad del tono del color y
—claridad u oscuridad del mismo color.

Esto da lugar inmediatamente a cuatro tonos principales de cada color: o bien es I. cálido y al mismo tiempo 1) claro o 2) oscuro; II. frío y 1) claro o 2) oscuro.

La calidez o frialdad del color es una tendencia general hacia el amarillo o el azul. Se trata de una distinción que se produce, por así decirlo, en un mismo plano; el color conserva su tono básico, pero este tono básico se vuelve más material o inmaterial. Se trata de un movimiento horizontal, por el que el color cálido se desplaza sobre este plano hacia el espectador, se esfuerza por acercarse a él, mientras el color frío se aleja de él.

Los colores que provocan este movimiento horizontal de otro color se caracterizan también por el mismo movimiento, pero poseen además otro simultáneo que los separa fuertemente entre sí en su efecto interior: son, pues, el primer gran contraste de valor interior. De ahí que la tendencia del color hacia lo frío o lo cálido tenga una importancia y un significado interiores inmensos.

El segundo gran contraste es la diferencia entre el blanco y el negro, los colores que producen el otro par de los cuatro tonos principales: la tendencia del color hacia lo claro o lo oscuro. Estos últimos también tienen el mismo movimiento hacia y desde el espectador, pero no de forma dinámica, sino estática, congelada.

El segundo movimiento del amarillo y el azul, que contribuye al primer gran contraste, es su movimiento excéntrico o concéntrico[13]. Si hacemos dos círculos del mismo tamaño y rellenamos uno con amarillo y el otro con azul, notaremos, con solo concentrarnos en estos círculos durante un breve tiempo, que el amarillo irradia, se mueve desde el centro y se acerca a la persona de forma casi visible. El azul, sin embargo, desarrolla un movimiento concéntrico (como un caracol que se arrastra dentro de su concha) y se aleja del espectador. El primer círculo incide sobre la vista, el segundo la absorbe.

Este efecto aumenta cuando se añade la diferencia entre claro y oscuro: el efecto del amarillo aumenta cuando se aclara (esto es, cuando se le añade blanco), el efecto del azul aumenta cuando se oscurece el color (cuando se le añade negro). Este hecho adquiere una importancia aún mayor cuando nos damos cuenta de que el amarillo tiende tanto hacia lo claro (blanco) que no puede existir un amarillo muy oscuro. Por tanto, existe una profunda relación entre el amarillo y el blanco en el

---

[13] Todas estas afirmaciones son el resultado de una percepción empírico-anímico, y no se basan en ninguna ciencia positiva.

sentido físico, al igual que entre el azul y el negro, ya que el azul puede adquirir una profundidad que roza el negro. Además de esta similitud física, existe también una similitud moral, que en sus valores interiores separa fuertemente a los dos pares (amarillo y blanco por un lado y azul y negro por otro) y hace que los dos miembros de cada par estén muy estrechamente relacionados entre sí (más adelante hablaremos de esto al tratar del blanco y el negro).

Si se intenta enfriar el amarillo (color cálido por excelencia), adquiere un tono verdoso y pierde inmediatamente sus dos movimientos (horizontal y excéntrico). Esto le confiere un carácter algo enfermizo y trascendente, como una persona llena de empeño y energía que ve obstaculizado su avance y la aplicación de su energía por condiciones externas. El azul, como movimiento completamente opuesto, ralentiza al amarillo, por lo que finalmente, con la adición adicional de azul, ambos movimientos opuestos se anulan mutuamente y surgen la inmovilidad y la calma completas. El resultado es el verde.

Lo mismo ocurre con el blanco cuando se ve empañado por el negro. Pierde su estabilidad y finalmente se crea el gris, muy cercano al verde en cuanto a su valor moral.

Sin embargo, el amarillo y el azul se ocultan en el verde como fuerzas latentes que pueden volver a activarse. Hay una posibilidad viva en el verde que está completamente ausente en el gris. Falta porque el gris está formado por colores que no tienen ninguna fuerza puramente activa (dinámica), sino que consisten, por un lado, en una resistencia inamovible y, por otro, en una inmovilidad incapaz de resistir (como un muro tan grueso que se pierde en el infinito, o como un pozo sin fondo).

Y puesto que los colores que crean el verde son activos y tienen un movimiento en sí mismos, ya se puede determinar teóricamente el efecto espiritual de los colores según el carácter de estos movimientos. E igualmente, si se actúa experimentalmente aquí y se deja que los colores tengan un efecto sobre uno mismo, se llega de nuevo al mismo resultado. En efecto, el primer movimiento del amarillo, el esfuerzo hacia el hombre, que puede elevarse hasta el punto de ser molesto (cuando crece mucho la intensidad del amarillo), y también el segundo movimiento, el salto por encima del límite, la dispersión de la fuerza en el entorno, son como las características de toda fuerza material que se lanza inconscientemente sobre el objeto y se derrama en todas las direcciones. Por otra parte, el amarillo, contemplado directamente (en cualquier forma geométrica), perturba al hombre, le molesta, le excita y muestra el carácter violento expresado en el color, que finalmente actúa de forma impúdica y cargante sobre la mente[14]. Esta propiedad del amarillo, que tiende siempre a los tonos más claros, puede acentuarse hasta un nivel de fuerza y altura insoportables para el ojo y el alma. En este tono suena como una trompeta aguda tocada con cada vez más fuerza o un alto tono de fanfarria[15].

[14] Por ejemplo, el buzón amarillo de correos de Baviera tiene este efecto si no ha perdido su color original. Es interesante que el limón sea amarillo (acidez aguda), el canario sea amarillo (canto agudo). Aquí hay una intensidad especial del tono cromático.

[15] La correspondencia entre tonos cromáticos y tonos musicales es, por supuesto, solo relativa. Del mismo modo que un violín puede desarrollar tonos muy diferentes que pueden corresponder a colores distintos, lo mismo ocurre con el amarillo, por ejemplo, que puede ser expresado con matices diferentes por instrumentos distintos. En los paralelismos que hemos mencionado, pensamos sobre todo en el tono de color puro de sonido medio y, en música, en el tono medio sin variación por medio de vibraciones, sordina, etcétera.

El amarillo es un color típicamente terrestre que no puede alcanzar grandes profundidades. Cuando se enfría con el azul, adquiere un tono enfermizo, como ya se ha mencionado. Comparado con el estado de ánimo humano, podría aparecer como una cromática representación de la locura, pero no de la melancolía, la hipocondría, sino de un ataque de furia, desvarío ciego, locura delirante. El enfermo ataca a la gente, lo destruye todo y lanza sus poderes físicos en todas las direcciones, gastándolas sin meta ni límite hasta consumirlos por completo. También es como el gran derroche de las últimas fuerzas estivales en las deslumbrantes hojas del otoño, a la que falta el tranquilizador azul perdido en el cielo. Aparecen colores de gran fuerza que carecen por completo del don de la profundización que sí hallamos en el azul y también teóricamente en sus movimientos físicos de alejamiento del ser humano y hacia su propio centro.

Lo mismo ocurre cuando se permite que el azul (en cualquier forma geométrica deseada) actúe sobre el alma. La tendencia del azul a profundizar es tan grande que se vuelve más intenso en tonos más oscuros, ellos que su fuerza interior es mayor. Cuanto más profundo se vuelve el azul, más llama a las personas al infinito, despertando en ellas el anhelo de lo puro y, en última instancia, de lo trascendente. Es el color del cielo tal y como lo imaginamos al oír la palabra «cielo».

El azul es el color típicamente celeste[16] y desarrolla el elemento de la calma de un modo muy profundo[17]. Al sumergirse en el negro, adquiere el matiz de una tristeza inhumana[18], hundiéndose en una gravedad que ni tiene ni puede tener fin. Al moverse hacia la claridad,

---

[16] ... *les nymbes ... sont dorés pour l'empereur et les prophètes* (es decir, para los hombres) *et bleu de ciel pour les personnages symboliques* (es decir, para entes espirituales). (KONDAKOFF, N., *Histoire de l'art byzantin consid. princ. dans les miniatures*, París, 1886-1891. Vol. II, p. 38, 2).

[17] No como el verde —que, como veremos más adelante, es un reposo terrenal y autosatisfecho—, sino que se trata de una profundidad solemne y trascendente. Esto hay que entenderlo literalmente: en el camino hacia a «lo alto» se encuentra lo «terrenal», que no puede evitarse. Hay que experimentar todos los tormentos, preguntas y contradicciones de lo terrenal. Nadie escapa a ellos. También aquí existe una necesidad interior que queda oculta por lo exterior. La realización de esta necesidad es la fuente de esa «calma». Sin embargo, como esta calma nos resulta muy lejana, también nos resulta difícil acercarnos al predominio del azul en el reino del color.

[18] También es diferente del violeta, como veremos a continuación.

para la que el azul es también menos adecuado, su carácter se vuelve más indiferente y se presenta al hombre distante, como el cielo alto y claro. Cuanto más claro, menos sonoro se vuelve, hasta que pasa a una quietud silenciosa y blanca. En términos musicales, el azul claro se asemeja a la flauta, el azul oscuro al violonchelo y el más oscuro al maravilloso timbre del contrabajo; en su forma más profunda y solemne, el sonido del azul es comparable al de un órgano.

El amarillo se vuelve fácilmente agudo y no puede sumergirse a gran profundidad. El azul, cuando es muy agudo, no puede elevarse a grandes alturas.

La mezcla de estos dos colores diametralmente diferentes produce el equilibrio ideal: el verde. Los movimientos horizontales se anulan mutuamente, y otro tanto sucede con los movimientos concéntricos y excéntricos. Surge la calma. Esta es la conclusión lógica, teóricamente fácil de alcanzar. Y el efecto directo sobre la vista y, en última instancia, a través de la vista sobre el alma conduce al mismo resultado. Este hecho es conocido desde hace tiempo no solo por los médicos (especialmente los oftalmólogos), sino por todo el mundo. El verde absoluto es el color más tranquilo que existe: no se mueve hacia nada y no tiene matices de alegría, tristeza o pasión, no exige nada, no llama a nadie. Esta ausencia constante de movimiento es una característica que tiene un efecto calmante sobre las personas y las almas cansadas, pero que puede aburrir fácilmente pasado un tiempo. Los cuadros pintados en armonía verde confirman esta afirmación.

Así como un cuadro pintado en amarillo siempre desprende calor espiritual, y otro en tonos azules parece demasiado frío (es decir, produce un efecto activo, ya que el hombre, como elemento del universo, está creado para el movimiento constante, quizás eterno), el verde solo irradia aburrimiento (el efecto es pasivo). La pasividad es la propiedad más característica del verde absoluto, por lo que esta propiedad aparece acompañada de una especie de saturación, de autosatisfacción. Por eso el verde absoluto es al reino de los colores lo que la llamada burguesía es al reino de lo humano: un elemento inmóvil, autosatisfecho, limitado en todos los sentidos. El verde es como una vaca oronda y muy sana que yace inmóvil masticando su bolo alimenticio, mirando al mundo con ojos apagados y estúpidos[19]. El verde es el color principal del verano, cuando la naturaleza ha sobrevivido a la tormentosa adolescencia de la primavera y se sumerge en una calma autosatisfecha.

Cuando el verde absoluto se desequilibra, asciende al amarillo, volviéndose vivo, juvenil y alegre. Una fuerza activa ha vuelto a entrar a través de la mezcla con el amarillo. Al hundirse en las profundidades por la intervención del azul, el verde adquiere un tono completamente distinto: se vuelve serio y, por así decirlo, pensativo. Entonces adquiere también un elemento activo, pero de carácter completamente distinto. Entre la claridad y la oscuridad, el verde conserva su carácter original de indiferencia y calma, resaltando en la claridad el primer rasgo y en la oscuridad el segundo, como es natural, pues la transformación se consigue a través del blanco y el negro. Musicalmente, se podría relacionar el verde absoluto como las notas tranquilas, estiradas y semiprofundas del violín.

---

[19] Así funciona también el tan cacareado equilibrio ideal. Qué lo expresó Cristo cuando dijo: «no eres ni frío ni caliente...» (Ap 3, 15).

Estos dos últimos colores —blanco y negro— ya se han definido en términos generales. El blanco, que a menudo se toma por el color de la nada (sobre todo gracias a los impresionistas, que no ven «ningún blanco en la naturaleza»[20]), es el símbolo de un mundo en el que todos los colores, en tanto cualidades materiales y sustancias, han desaparecido. Este mundo está tan por encima de nosotros que no podemos oír ningún sonido desde allí. De allí procede un gran silencio que, representado materialmente, se asemeja a un muro infranqueable, indestructible, frío, que se

---

[20] En sus cartas, Van Gogh se pregunta si se puede pintar de blanco una pared blanca. Esta pregunta, que no ofrece dificultad alguna para el naturalista, ya que necesita el color como sonido interior, aparece para un pintor impresionista-naturalista como un audaz atentado contra la naturaleza. Esta cuestión debe parecerle a este último pintor tan revolucionaria como el paso de las sombras marrones a las azules le pareció revolucionario y disparatado en su momento (el ejemplo tan usado del «cielo verde y la hierba azul»). Del mismo modo que en este último caso puede reconocerse la transición del academicismo y el realismo al impresionismo y el naturalismo, en la cuestión de Van Gogh puede verse el núcleo de la «traducción de la naturaleza», es decir, la tendencia a no representar la naturaleza como una apariencia externa, sino a expresar predominantemente el elemento de inspiración interior, lo que recientemente se ha dado en llamar «expresión».

extiende hasta el infinito. Por eso el blanco tiene un efecto actúa en nuestra psique como un gran silencio que fuese absoluto para nosotros. Suena interiormente como un no-sonido, bastante parecido a algunas pausas de la música, pausas que solo interrumpen el desarrollo de un movimiento o de un contenido en el tiempo y que no son la conclusión definitiva de un desarrollo. Es un silencio que no está muerto, sino preñado de posibilidades. El blanco suena como un silencio que de repente se puede entender. Es una nada juvenil o, aún más precisamente, una nada que es primigenia, que está antes de que algo naciera. Tal vez así sonaba la tierra en los blancos tiempos de la era glacial.

El sonido interior del negro, en cambio, es como una nada sin posibilidad, como una nada muerta después de que el sol se haya apagado, como un silencio eterno sin futuro ni esperanza. En términos musicales, sería una pausa completamente concluyente, tras la cual viene a continuación el comienzo de otro mundo, ya que lo concluido por esta pausa está completo, acabado para siempre: el círculo se ha cerrado. El negro es algo apagado, como una pira que ha ardido del todo, algo inmóvil, como un cadáver que no siente todos los acontecimientos y deja que todo se desvanezca. Es como el silencio del cuerpo tras la muerte, la conclusión de la vida. Exteriormente, es el color que suena menos, sobre el que todos los demás colores, incluso los más débiles, suenan más fuertes y precisos. No como el blanco, sobre el que casi todos los colores pierden su tonalidad y con el que algunos se funden por completo, dejando tras de sí un sonido débil, exhausto[21].

No es casual que el blanco sea el color que viste la alegría pura y la pureza inmaculada, mientras que las prendas negras transmiten el mayor y más profundo dolor y son un símbolo de la muerte. El equilibrio de estos dos colores, que se crea por mezcla mecánica, forma el gris. Naturalmente, un color creado de este modo no puede ofrecer ningún sonido externo ni movimiento. El gris es insonoro e inmóvil. Sin

---

[21] El color cinabrio, por ejemplo, suena apagado y sucio sobre blanco, pero sobre negro adquiere una fuerza brillante, pura, asombrosa. El amarillo claro, sobre el blanco, se vuelve tenue; sobre el negro aparece con tanta fuerza que parece despegarse del fondo, flota en el aire y parece abalanzarse sobre el ojo.

embargo, esta inmovilidad tiene un carácter diferente a la calma del verde, que se encuentra entre dos colores activos de los que es producto. El gris transmite una inmovilidad desolada; cuanto más oscuro se vuelve, más predomina ese sofocante elemento de desesperanza. El aclarado aporta una especie de aire, una posibilidad de que el color respire e introduzca un cierto elemento de esperanza soterrada. Se crea un gris similar con la mezcla óptica del verde y el rojo: se juntan la pasividad autosatisfecha y un fuerte resplandor activo en el interior[22].

El rojo, que concebimos como un color ilimitado y cálido, aparece interiormente como un color muy vivo e inquieto que, sin embargo, no tiene el carácter frívolo del amarillo, que se consume por todos lados, sino que, a pesar de toda su energía e intensidad, tiene una fuerte nota de poder casi intencionado, inmenso. Este ardor vibrante, sobre todo centrado en sí mismo y poco extravertido, es un signo de madurez viril.

---

[22] La inmovilidad y la calma del gris ya fue anticipada por Delacroix, que quería conseguir esa calma mezclando el verde y el rojo (SIGNAC, op. cit.).

No obstante, en la práctica este rojo ideal puede tolerar grandes cambios, digresiones y diferencias. El color rojo es muy rico y diverso en su forma material. Basta pensar en el rojo saturno, el cinabrio, el rojo inglés, la laca de granza; hay una increíble gama que va desde los tonos más claros a los más oscuros. Es un color que puede mantener el tono básico bastante constante y, al mismo tiempo, tener un aspecto característicamente cálido o frío[23].

El rojo cálido y claro (rojo saturno) tiene cierto parecido con el amarillo medio (de hecho, contiene pigmento amarillo) y evoca una sensación de fuerza, energía, esfuerzo, determinación, alegría, etcétera. Musicalmente, también recuerda al sonido de las fanfarrias, añadiéndole unas tubas: un tono persistente, irritante y fuerte.

En su tono medio (cinabrio), el rojo gana en la constancia del sentimiento agudo: es como una pasión uniformemente incandescente, una fuerza centrada en sí misma que no

---

[23] Por supuesto, cualquier color puede ser cálido y frío, pero en ninguna parte este contraste es tan grande como en el rojo. ¡Qué riqueza de posibilidades interiores!

se ahoga fácilmente, pero que puede ser apagada por el azul, como el hierro incandescente por el agua. Este rojo no tolera el frío, que le hace perder su sonido y su sentido. O, mejor dicho: este enfriamiento violento y trágico produce un tono que los pintores de hoy evitan, porque está mal visto, resulta «sucio». Y eso es inoportuno, porque la suciedad, en tanto representación material y entidad concreta, posee su sonido interior, como cualquier otro ente. Por eso, evitar la suciedad en la pintura de hoy es tan injusto y unilateral como en su día lo era el miedo al color «puro». Nunca hay que olvidar que son puros todos los medios que surgen de la necesidad interior. Aquí lo exteriormente sucio es interiormente puro, del mismo modo que lo exteriormente puro puede ser interiormente sucio. El rojo saturno y el cinabrio son similares en carácter al amarillo, pero su impulso hacia el espectador es mucho menor: el rojo arde, pero en sí mismo, y carece casi por completo del carácter demencial del amarillo. Puede que por eso sea más querido que el amarillo: se utiliza a menudo en la ornamentación primitiva y folclórica y también se emplea mucho en trajes populares, donde queda especialmente «bonito» al aire libre como color complementario del verde. Aislado, este rojo es principalmente de carácter material y muy activo y poco dado a profundizar, como el amarillo. Solo penetrando en un medio superior este rojo adquiere un tono más profundo. Oscurecerlo con el negro es peligroso, ya que el negro muerto apaga su fuego y lo reduce al mínimo. El resultado es un negro apagado, duro, con poca capacidad de movimiento, en el que el rojo suena como un burbujeo apenas audible. No obstante, este sonido exteriormente silencioso da lugar a un sonido interior fuerte y violento. El uso adecuado del marrón crea una belleza interior indescriptible: la inhibición. El rojo cinabrio suena como la tuba y puede compararse con el redoble de tambor.

Como cualquier color básicamente frío, un rojo como el barniz de granza también puede adquirir una gran profundidad (especialmente mediante el barnizado). También cambia considerablemente de carácter: aumenta la impresión de brasa, por más que el color activo desaparezca gradualmente por completo. Por otra parte, este elemento activo no está tan completamente ausente como en el verde intenso, por ejemplo, sino que deja un indicio, una expectativa de un nuevo resplandor enérgico, como algo que se ha replegado sobre sí mismo, pero que está al acecho y alberga o tenía la capacidad oculta de dar un salto salvaje. Esta es también la gran diferencia entre el rojo y el azul profundo; en el rojo, incluso en esta posición, se puede sentir algo de lo físico, recordando a los apasionados tonos medios y bajos del violonchelo. El rojo frío, cuando es claro, resulta todavía más corpóreo, suena a alegría juvenil, pura, como la figura de una chica fresca, joven, completamente pura. Esta imagen es fácil de expresar musicalmente a través de los tonos más altos, claros y vibrantes del violín[24]. Este color es popular para teñir los vestidos de las chicas jóvenes, a pesar de que solo se intensifica mediante la adición de blanco.

El rojo cálido, realzado por un amarillo afín, forma el naranja. Mediante esta mezcla,

---

[24] En ruso se llama «tintineo color frambuesa» a los tonos puros, alegres y a menudo consecutivos de las campanitas (también de los cascabeles de los caballos). El color del zumo de frambuesa se aproxima al rojo brillante y frío que acabamos de describir.

el movimiento concéntrico pasa a ser un movimiento de irradiación que lo desparrama por su entorno. Sin embargo, el rojo, que desempeña un papel principal en el naranja, confiere a este color un matiz de seriedad. Se asemeja a una persona convencida de sus fuerzas y, por tanto, evoca un sentimiento especialmente saludable. Suena como una campana de iglesia llamando al Ángelus, o como una fuerte voz de contralto, o una viola interpretando un largo.

Del mismo modo que el naranja se crea acercando el rojo al espectador, el violeta surge al alejarse el rojo por medio del azul. Pero este rojo subyacente debe ser frío, ya que su calor no hay modo de mezclarlo con la frialdad del azul, lo que también es cierto en el ámbito espiritual.

El violeta es, pues, un rojo frío en el sentido físico y psíquico. Por tanto, tiene algo de mórbido, de apagado (¡escoria de carbón!), tiene algo de triste. No en vano este color se considera adecuado para la ropa de las mujeres mayores. Los chinos lo utilizan directamente como color de los vestidos de luto. Recuerda al sonido del corno inglés o la gaita; cuando es profundo, a las notas graves de los instrumentos de madera (por ejemplo, el fagot)[25].

Estos dos últimos colores, que resultan de la suma del rojo con el amarillo o el azul, tienen un equilibrio ligeramente inestable. Cuando los colores se mezclan, tienden a perder su equilibrio. Se tiene la sensación de un equilibrista que vacila y se balancea constantemente a ambos lados. ¿Dónde empieza el naranja y acaban el amarillo y el rojo? ¿Dónde está el límite del violeta que lo separa estrictamente del rojo o del azul[26]?

Los dos últimos colores caracterizados (naranja y violeta) ocupan el cuarto y último opuestos en el reino cromático de los simples matices primitivos, por lo que se relacionan entre sí en el sentido físico del mismo modo que el tercer contraste (rojo y verde), es decir, como colores complementarios.

Los seis colores se presentan ante nosotros como un gran círculo, como una serpiente que se muerde la cola (símbolo del infinito y

---

[25] Los artistas a veces responden en broma a la pregunta de cómo se sienten: «completamente violeta», lo que no apunta a nada bueno.

[26] El violeta también tiene tendencia a volverse morado. ¿Dónde empieza el uno y acaba el otro?

de la eternidad), formando tres grandes opuestos por parejas. Y a derecha e izquierda están las dos grandes posibilidades del silencio: la de la muerte y la del nacimiento.

*****

Está claro que las definiciones aportadas sobre estos simples colores son muy provisionales y burdas. Lo mismo ocurre con los sentimientos que hemos mencionado relacionados con ellos (alegría, tristeza, etcétera). Estos sentimientos no son más que estados materiales del alma. Los sonidos de los colores, como los de la música, son de una naturaleza mucho más fina, despiertan vibraciones mucho más sutiles del alma que no pueden describirse con palabras. Es muy probable que, con el tiempo, cada tono pueda encontrar una expresión en la palabra material, pero seguirá quedando algo que no puede ser plenamente expresado mediante las palabras, algo que, en cualquier caso, no es un añadido de lujo al tono, sino precisamente su esencia. Por eso las palabras son y seguirán siendo solo indicios, más bien etiquetas externas de los colores. La posibilidad del arte monumental reside en esta imposibilidad de sustituir la esencia del color por palabras y otros medios. Aquí hemos escogido una entre las muchas y muy ricas combinaciones posibles, a saber: el mismo sonido interior pueden producirlo diferentes artes, por lo que cada arte, además de este sonido general, exhibirá la esencia que le es propia y añadirá así una riqueza y una fuerza al sonido interior general que no pueden ser alcanzadas por un solo arte.

Cualquiera puede darse cuenta de las disonancias y combinaciones infinitas que son posibles, equivalentes a esta armonía de fuerza y profundidad, con el predominio de un arte, con el predominio de los contrastes de diferentes artes sobre el fondo de otros que resuenan silenciosamente, etcétera.

A menudo se afirma que la posibilidad de sustituir un arte por otro (por ejemplo, por la palabra o la literatura) desmiente la necesidad de la diversidad de las artes. Nada de eso. Como ya he dicho, no es posible la repetición exacta de un mismo sonido por diferentes artes. E incluso si esto fuera posible, tal repetición tendría, al menos exteriormente, otro color. Y, aunque no fuera así, si la repetición por diferentes artes del mismo sonido produjera exactamente el mismo sonido (externa e internamente) cada vez, tal repetición en sí misma tendría siempre un valor. Aunque solo fuera porque diferentes personas están dotadas para diferentes artes (activa o pasivamente, es decir, como emisores o receptores de sonido). Pero, aunque no fuera así, no por ello la repetición carecería de sentido. La repetición de los mismos sonidos, su acumulación, condensa la atmósfera espiritual que es necesaria para la maduración de los sentimientos (incluso de los más sutiles), del mismo modo que la atmósfera densa de un invernadero es necesaria, una condición absoluta para la maduración de diversos frutos. Tenemos un ejemplo aproximado de esto en el ser humano individual, sobre el que la repetición de acciones, pensamientos y sentimientos acaba causando una poderosa impresión, aunque no sea muy capaz de asimilar intensamente el sentido de algunas acciones, como le ocurre al tejido que, por ser muy denso, no absorbe las primeras gotas de lluvia[27].

---

[27] Externamente, el efecto de la publicidad se basa en esta repetición.

Pero la atmósfera espiritual no solo se refleja en este ejemplo, diríase, tangible. Espiritualmente, esa atmósfera es como el aire, que también puede ser puro o estar cargado de diversos elementos extraños. No solo acciones que todo el mundo puede observar y los pensamientos y sentimientos que se expresan, sino también acciones completamente ocultas de las que «nadie sabe nada», ideas que no se articulan y sentimientos que no se expresan (es decir, la vida interior del ser humano) son los elementos que forman la atmósfera espiritual. Los suicidios, los asesinatos, los actos de violencia, los pensamientos indignos y bajos, el odio, la hostilidad, el egoísmo, la envidia, el «patriotismo», el partidismo: todas estas son entidades espirituales, elementos del espíritu que crean esa atmósfera[28]. Y, a la inversa, la abnegación, la entrega, los pensamientos elevados y puros, el amor, el altruismo, la alegría por la felicidad ajena, la humanidad o la

---

[28] Hay periodos en los que abundan los suicidios, los sentimientos hostiles de guerra, etcétera. La guerra y la revolución (esta última en dosis más pequeñas que la guerra) son productos de esa atmósfera y contribuyen a envenenarla aún más: con la vara con que mides, te medirán.

justicia son precisamente los entes espirituales que acaban con los primeros —como el sol acaba con los microbios— y crean una atmósfera pura[29].

La otra repetición (más compleja) es aquella en la que distintos elementos participan de distintas formas. En nuestro caso serían las diferentes artes, realizadas y resumidas en el arte monumental. Esta forma de repetición es aún más formidable, ya que las distintas naturalezas humanas reaccionan de manera diferente a los distintos medios; para unas, la más accesible es la forma musical (que afecta a todo el mundo en general —las excepciones son demasiado raras—), para otras, la pictórica, para las de más allá, la literaria, y así sucesivamente. Además, las fuerzas ocultas en las distintas artes son fundamentalmente diferentes, de modo que potencian el resultado a conseguir incluso en las mismas personas, aunque cada arte funcione por su cuenta.

---

[29] La historia también conoce tiempos en los que lo abundante es esto. ¿Ha habido alguno mayor que el cristianismo, que arrastró a los más débiles a la lucha espiritual? Incluso en la guerra y la revolución hay agentes que pertenecen a este género y limpian el aire de pestilencia.

*****

Este efecto difícil de definir del color individual aislado es la base sobre la que se armonizan los distintos valores. Hay cuadros e instalaciones artísticas que se mantienen en un tono determinado, que se elige según el sentimiento artístico. La interpenetración de un tono cromático, la unión de dos colores adyacentes mediante la mezcla de uno con otro es la base sobre la que a menudo se construye la armonía cromática. Si sumamos a lo que acabamos de decir sobre los efectos del color el hecho de que vivimos en una época llena de interrogantes, sospechas, interpretaciones y, por tanto, llena de contradicciones (pensemos en las capas del triángulo), podemos fácilmente concluir que armonizar sobre la base de varios colores es lo menos apropiado para nuestro tiempo. Escuchamos las obras de Mozart con envidia y simpatía no exentas de melancolía. Son una pausa bienvenida en el caos de nuestra vida interior, una imagen de consuelo y esperanza; no obstante, las oímos como sonidos de otro tiempo, un tiempo esencialmente ajeno a nosotros. Nuestra armonía consiste en una batalla entre sonidos, el equilibrio perdido, la caída de los «principios», los redobles de tambor inesperados, las grandes preguntas, los esfuerzos sin rumbo, los impulsos y anhelos aparentemente desgarrados, los lazos rotos y las cadenas que a nuestro pesar nos atan, los opuestos y las contradicciones. La composición basada en esta armonía es una yuxtaposición de formas cromáticas y gráficas que existen como tales por derecho propio, quedan fuera de la necesidad interior y forman un todo al que llamamos «cuadro».

Solo estas partes aisladas son esenciales. Todo lo demás (incluido el mantenimiento del elemento figurativo) es secundario, meramente accesorio.

La combinación de dos tonos cromáticos se deriva lógicamente de ello. El mismo principio de antilogía rige aquí para yuxtaponer colores que durante mucho tiempo se consideraron discordantes. Es el caso, por ejemplo, de la yuxtaposición del rojo y el azul, colores que no tienen ninguna relación física, pero que hoy se eligen como una de las armonías más poderosas, más adecuadas, precisamente por el gran contraste espiritual que existe entre ellos. Nuestra armonía se basa principalmente en el principio del contraste, que siempre ha sido el principio más importante del arte. Nuestro contraste, sin embargo, es interior y excluye cualquier ayuda (hoy considerada un estorbo superfluo) de otros principios armonizadores.

Es curioso que esta combinación de rojo y azul fuera tan popular entre los primitivos (los antiguos alemanes, italianos, etcétera) y que todavía se encuentre en los vestigios que conservamos de este periodo (por ejemplo, en el arte sacro popular[30]). Es muy frecuente encontrar en tales obras de pintura y escultura cromática a la Virgen con una camisa roja y un manto azul; es como si los artistas quisieran designar la gracia celestial que fue enviada al hombre terrenal y cubrió lo humano con lo divino. De la designación de nuestra armonía se desprende por pura lógica que es precisamente «hoy» cuando la necesidad interior re-

---

[30] Frank Brangwin fue probablemente uno de los primeros en introducir esta combinación en sus primeros cuadros, dando muchas explicaciones sobre el color.

quiere un inmenso arsenal de posibilidades expresivas.

Las combinaciones «permitidas» y «prohibidas», la colisión de diferentes colores, que un color ahogue a otros o viceversa, el realce de un color por otro, la especificación de la mancha cromática, la disolución uniforme y multiforme, la contención de la mancha cromática que se resuelve por medio de un límite gráfico, el burbujeo de esta mancha más allá de este límite, la fusión, la separación brusca, etcétera, abren un abanico inalcanzable de posibilidades puramente pictóricas (= cromáticas) que se pierden en distancias inalcanzables.

El alejamiento de lo figurativo —uno de los primeros pasos hacia el reino de lo abstracto— supuso, en términos gráficos y pictóricos, a la exclusión de la tercera dimensión, es decir, al empeño por conservar el «cuadro» como pintura sobre una superficie. Se eliminó el «modelado»; como resultado, el objeto real se hizo más abstracto, lo que representó un cierto progreso. Sin embargo, este progreso se tradujo inmediatamente a la reducción de las posibilidades a la superficie real del lienzo, lo que dio a la pintura una connotación nueva, completamente material. Esta reducción trajo consigo una limitación de las posibilidades.

Los intentos de liberarse de esta materialidad y de esta limitación, unidos al afán por lo compositivo, tenía que conducir naturalmente a prescindir de una superficie. Se intentó llevar el cuadro a una superficie ideal, que debía conformarse frente a la superficie material del lienzo[31]. La composición triangular condujo seguidamente a una composición con triángulos tridimensionales, es decir, con pirámides (el llamado «cubismo»). Sin embargo, aquí también surgió muy pronto el movimiento de inercia, que se centró en esta forma en particular y, por tanto, condujo de nuevo a un empobrecimiento de las posibilidades. Este es el resultado inevitable de la aplicación externa de un principio que surge de una necesidad interior.

Especialmente en este caso convendría recordar que existen otros medios para conservar la superficie material, creando otra ideal y

---

[31] Véase, por ejemplo, el artículo de Le Fauconnier en el catálogo de la II Exposición de la Neue Künstlervereinigung de Múnich (1910-1911).

no solo fijándola como superficie plana, sino utilizándola como espacio tridimensional. La delgadez o el grosor de una línea, la colocación de la forma sobre la superficie o la intersección de una forma con otra son ejemplos suficientes de la expansión gráfica del espacio. El color ofrece posibilidades similares; si se utiliza correctamente, puede avanzar o retroceder, avanzar o retroceder, convirtiendo el cuadro en una entidad que flota en el aire, lo que equivale a la expansión pictórica del espacio.

La unificación de ambas expansiones en armonía o concordancia es uno de los elementos más ricos y poderosos de la composición gráfico-pictórica.

VII.
TEORÍA

DE LAS CARACTERÍSTICAS de nuestra armonía actual se deduce naturalmente que es menos posible que nunca construir una teoría completamente acabada[1], crear un «bajo continuo» pictórico. En la práctica, tales intentos conducirían al mismo resultado que, por ejemplo, las mencionadas cucharillas de Leonardo da Vinci. Pero sería precipitado afirmar que nunca habrá reglas fijas en la pintura, ni

---

[1] Se han realizado intentos en este sentido a partir del paralelismo con la música, por ejemplo, en HENRI ROVEL, "Les lois d'harmonie de la peinture et de la musique sont les mêmes", *Tendances Nouvelles*, n.º 35, p. 721.

principios como los que rigen el contrapunto, o que solo conducirán al academicismo. También la música conoce su gramática, que, como todo elemento vivo, cambia en los distintos grandes periodos, pero que, por otra parte, siempre se ha utilizado con éxito como apoyo, como una especie de diccionario.

Nuestra pintura, sin embargo, se encuentra hoy en un estadio diferente; su emancipación de la dependencia directa de la «naturaleza» está en sus primeras etapas. Si hasta ahora el color y la forma se han utilizado como agentes internos, ha sido principalmente de forma inconsciente. La subordinación de la composición a la forma geométrica ya se utilizaba en el arte antiguo (lo hicieron, por ejemplo, los persas). Sin embargo, construir sobre una base puramente espiritual es un proceso largo que comienza más bien a tientas y al azar. Es necesario que el pintor cultive no solo su mirada, sino también su alma, para que esta sea capaz de pesar el color en su balanza y actúe no solo en la recepción de las impresiones externas (y a veces las internas), sino también como fuerza determinante en la creación de sus obras.

Si hoy empezáramos a destruir por completo el vínculo que nos une a la naturaleza, a dirigirnos forzosamente hacia la liberación y a contentarnos exclusivamente con la combinación de color puro y forma independiente, crearíamos obras que parecerían ornamentos geométricos, que, *grosso modo*, se parecerían a una corbata o a una alfombra. La belleza del color y de la forma no es un objetivo suficiente en el arte (a pesar de lo que digan los estetas puros o incluso de los naturalistas que persiguen ante todo la «belleza»). Precisamente debido al estadio elemental en el que estamos en la pintura, aún hoy somos muy poco capaces de obtener una experiencia interior a partir de una composición completamente emancipada de color y forma. La vibración nerviosa estará, por supuesto, presente (como cuando estamos ante una obra de artesanía), pero permanecerá principalmente en el ámbito nervioso, porque provocará una vibración emocional demasiado débil, una sacudida demasiado débil en el alma. No obstante, si tenemos en cuenta que el cambio de rumbo espiritual ha adquirido un ritmo en verdad vertiginoso, que incluso la base «más firme» de la vida espiritual humana, es decir, la ciencia positiva, se ha visto arrastrada y se encuentra a las puertas de la disolución de la materia, entonces puede afirmarse que solo unas pocas «horas» nos separan de la composición pura.

Por supuesto, la ornamentación tampoco es una entidad que carezca por completo de vida. Tiene su vida interior; pero, o bien ya no nos resulta comprensible (es el caso de la ornamentación antigua), o bien no es más que una confusión alógica, un mundo en el que, por así decirlo, los adultos y los embriones reciben el mismo trato y desempeñan el mismo papel social; un mundo en el que los seres con partes del cuerpo arrancadas se sitúan en el mismo plano que las narices, los dedos y los ombligos independientes. Es la confusión que vemos en un caleidoscopio[2], donde es el azar material y no al espíritu el que actúa. A pesar de esta incomprensión o incapacidad de expresión, la ornamentación sigue teniendo un efecto sobre nosotros, aunque sea aleatorio y

---

[2] Esta confusión es, por supuesto, también una vida precisa, pero de una esfera diferente.

azaroso[3]: un ornamento oriental también es internamente muy diferente de un ornamento sueco, negro, griego antiguo, etcétera.

No carece de sentido que sea práctica común caracterizar los tejidos de los patrones como graciosos, serios, tristes, animados, etcétera, es decir, con los mismos adjetivos que utilizan los músicos (*allegro, serioso, grave, vivace*, etcétera) para determinar la ejecución de la pieza. Es muy posible que la ornamentación también tuviera su origen en la naturaleza (los artistas modernos también buscan sus motivos en campos y bosques). Pero incluso si supusiéramos que no se utilizó ninguna fuente distinta de la naturaleza externa, en el buen ornamento las formas y los colores naturales no fueron tratados de forma puramente externa, sino más bien como símbolos que, en última instancia, adquirieron un valor casi jeroglífico. Y precisamente por eso se fueron haciendo poco a poco incomprensibles y ya no podemos descifrar su valor interior. Un

---

[3] El mundo que acabamos de describir es, al fin y al cabo, un mundo con un sonido interior propio, que en principio es necesario y ofrece posibilidades.

dragón chino, por ejemplo, que ha conserva-
do gran parte de su fisicidad precisa en su forma ornamental, tiene tan poco efecto sobre
nosotros que podemos tolerarlo fácilmente en
comedores y dormitorios y no sentir más por
él que por un mantel de mesa bordado con
margaritas.

Tal vez desarrollemos una nueva ornamentación al final de nuestro ahora crepuscular
periodo, pero difícilmente consistirá en formas geométricas. Hoy, sin embargo, en el
punto al que hemos llegado, un intento de
crear estos ornamentos por la fuerza sería
como tratar de abrir un capullo apenas insi-
nuado hasta convertirlo en una flor forzándo-
lo con los dedos.

Hoy en día seguimos firmemente ligados a la
naturaleza exterior y tenemos que extraer de ella
nuestras formas. La cuestión estriba en cómo
vamos a hacerlo, esto es: ¿hasta dónde podemos
llegar en nuestra libertad para cambiar estas formas y qué colores podemos combinar?

Esta libertad puede llegar hasta donde alcance la intuición del artista. Desde este punto de
vista, también podemos ver lo infinitamente
importante que es cultivar esa intuición.

Algunos ejemplos responderán bastante bien a la segunda parte de esa pregunta.

El color rojo, siempre excitante y cálido, considerado de forma aislada, cambiará considerablemente su valor interior cuando deje de estar aislado, en forma de sonido abstracto, y se utilice como elemento de una entidad al combinarse con una forma natural. Esta suma del rojo con diferentes formas naturales también provocará diferentes efectos internos, que parecerán familiares gracias al efecto constante y por lo general aislado del rojo. Combinemos este rojo con el cielo, la flor, el vestido, la cara, el caballo, el árbol. Un cielo rojo nos lleva a la asociación con la puesta de sol, el fuego, etcétera. Por tanto, se crea un efecto «natural» (en este caso solemne, amenazador). Por supuesto, depende en gran medida de cómo se traten los demás objetos que se combinan con el cielo rojo. Si se colocan en una conexión causal y también se combinan con posibles colores para ellos, la naturalidad del cielo se acentuará. Sin embargo, si los otros objetos están muy alejados de la naturaleza, pueden debilitar la impresión «natural» del cielo, e incluso destruirla. La combinación del rojo con un rostro tendrá un efecto bastante similar; el rojo puede actuar como una emoción de la figura pintada, o explicarse por una iluminación especial, por lo que tales efectos solo pueden destruirse mediante una abstracción muy acusada de las otras partes del cuadro.

En cambio, el rojo en un vestido es un caso completamente distinto, ya que el vestido puede ser de cualquier color. Este color rojo se escogerá ante todo en tanto necesidad «pictórica», ya que el rojo puede tratarse aquí independientemente de objetivos materiales. Sin embargo, hay un efecto recíproco de este rojo del vestido sobre la figura que lo lleva y viceversa. Si, por ejemplo, toda la nota del cuadro es triste y esta nota se concentra particularmente en la figura vestida de rojo (por la posición de la figura en el conjunto de la composición, por su propio movimiento, por los rasgos faciales, la posición de la cabeza, el color de la cara, etcétera), entonces este rojo el vestido hará las veces de una disonancia emocional que refuerza la tristeza del cuadro y en particular de esta figura principal. Un color diferente, que en sí mismo tuviera un efecto triste, debilitaría la impresión al disminuir el elemento dramático[4]. Estamos de nuevo ante el principio de contraste ya mencionado. Aquí el elemento dramático se crea solo mediante la inclusión del rojo en la composición triste general, ya que el rojo, si está completamente aislado (es decir, si también se refleja en la superficie tranquila del alma), no infunde tristeza en circunstancias normales[5].

La situación vuelve a ser diferente cuando se utiliza el mismo rojo sobre un árbol. El tono básico del rojo permanece, como en todos los casos anteriores. Sin embargo, se añadirá el valor anímico del otoño (ya que la palabra «otoño» por sí sola es una entidad anímica, como lo es todo concepto real, abstracto, incorpóreo, físico). El color se funde completamente con el objeto y forma un

---

[4] Aquí hay que subrayar de nuevo expresamente que todos estos casos y ejemplos mencionados no tienen más que un valor esquemático. Todo lo dicho es convencional y puede verse alterado por la composición general y con la misma facilidad por un simple trazo. Las posibilidades son infinitas.

[5] Hay que subrayar siempre que las expresiones «triste», «alegre», etcétera son de naturaleza muy tosca y solo pueden servir como indicios de las vibraciones anímicas más sutiles e incorpóreas.

elemento aislado sin los tintes dramáticos que acabo de mencionar en la aplicación del rojo al vestido.

Estamos ante un caso completamente distinto si hablamos de un caballo rojo. El mero sonido de estas palabras nos transporta a una atmósfera diferente. La imposibilidad natural de un caballo rojo exige absolutamente un entorno igualmente antinatural en el que situar este caballo. De lo contrario, el efecto global puede ser o bien una curiosidad (es decir, solo un efecto superficial y del todo fuera de lo artístico), o bien un cuento mal contado[6] (es decir, una historia curiosa, pero no artística). Un paisaje ordinario, naturalista, unas figuras modeladas y dibujadas anatómicamente formarían tal discordancia con este caballo que no se produciría ningún sentimiento y no habría posibilidad de combinarlos para formar una unidad. La definición de la armonía actual nos da la clave para entender esta unidad y cómo llega a concebirse. De ahí colegimos que es posible dividir el cuadro entero,

---

[6] Si la historia no se «traduce» completamente, el resultado es similar al de las imágenes cinematográficas del cuento.

sumirlo en contradicciones, conducirlo a través de todo tipo de superficies exteriores, construir sobre todo tipo de formas externas, sin que ello altere su sentido interior. Los elementos de la construcción del cuadro no deben buscarse en lo exterior, sino solo en la necesidad interior.

El espectador también está demasiado acostumbrado en estos casos a buscar un «sentido», es decir, una conexión externa entre las partes del cuadro. De nuevo, el mismo periodo materialista ha desarrollado en la vida en su conjunto, y por tanto también en el arte, un espectador incapaz de enfrentarse simplemente al cuadro (especialmente si es un «conocedor del arte»), en el que busca de todo (imitación de la naturaleza, contemplar a través del temperamento del artista, un estado de ánimo directo, «pintura», anatomía, perspectiva, ambiente externo, etcétera) menos la propia vida interior del cuadro: cualquier cosa antes que dejar que el cuadro le afecte directamente. Cegado por los elementos externos, su ojo espiritual no busca lo que vive a través de ellos. Cuando mantenemos una conversación interesante con una persona, intentamos

sumergirnos en su alma, intentamos dar con
su rostro interior, sus pensamientos y sentimientos y no pensamos en el hecho de que
está utilizando palabras formadas por letras,
que las letras no son más que sonidos funcio-
nales que necesitan que el aire entre en los
pulmones para producirse (parte anatómica),
que causan una vibración de aire al expulsar el
aire de los pulmones y la posición especial de
la lengua, los labios, (parte física), llegan a
nuestra conciencia a través del tímpano, (parte psicológica), logran un efecto nervioso
(parte fisiológica), etcétera. Sabemos que todas estas partes son muy secundarias en nuestra conversación, puramente incidentales, que
debemos utilizadas como medios externos
momentáneamente necesarios, y que lo esencial en la conversación es la comunicación de
ideas y sentimientos. Del mismo modo, uno
debe situarse frente a la obra de arte y obtener
así el efecto abstracto directo de la obra. Con
el tiempo será posible conversar por medios
puramente artísticos; entonces será superfluo
tomar prestadas formas del mundo exterior
para el discurso interior, que hoy nos dan la
oportunidad, mediante la forma y el color, de

disminuirlas o aumentarlas en valor interior. El contraste (como la túnica roja en la composición triste) puede ser infinitamente poderoso, pero debe permanecer en un mismo plano moral.

Sin embargo, aunque este plano esté presente, la cuestión del color en nuestro ejemplo no está completamente resuelta. Los objetos «antinaturales» y los colores a juego pueden fácilmente adquirir un tono literario haciendo que la composición parezca un cuento. Este último resultado sitúa al espectador en una atmósfera que, por ser fantástica, acepta sin objeción y en la que primero busca la fábula y después se insensibiliza al puro efecto cromático. En este caso el efecto interior directo y puro del color ya no es posible: lo exterior prevalece fácilmente sobre lo interior.

A la gente, en general, no le gusta adentrarse en grandes profundidades, le gusta quedarse en la superficie, ya que esto requiere menos esfuerzo. En efecto, «no hay nada más profundo que la superficialidad», pero esta profundidad es la del pantano. Por otra parte, ¿hay algún arte que se tome más a la ligera que el «plástico»? En cualquier caso, en cuanto el espectador se cree en el país de los cuentos de hadas, es de inmediato inmune a las fuertes vibraciones anímicas. Y entonces el objetivo de la obra se convierte en nada. Por lo tanto, hay que encontrar una forma que, para empezar, excluya ese efecto del cuento[7] y, en segundo lugar, no inhiba en absoluto el efecto puro del color. Para ello, la forma, el movimiento, el color, los objetos tomados de la naturaleza (real o irreal) no deben evocar un efecto narrativo externamente coherente. Por ejemplo, cuanta menos motivación externa tenga el movimiento, más puro, profundo e interior parecerá.

*****

Un movimiento muy simple, cuyo objetivo se nos escapa, ya aparece en sí mismo como importante, misterioso, solemne siempre que se desconozca su objetivo externo y concreto. Entonces actúa como un sonido puro. Una

---

[7] Esta lucha con el aire de cuento de hadas es similar a la lucha con la naturaleza. ¡Con qué facilidad, y a menudo en contra de la voluntad de quien pinta, la «naturaleza» se impone en sus obras! Es más fácil pintar la naturaleza que luchar con ella.

tarea simple y común (por ejemplo, prepararse para levantar un gran peso), si se desconoce
el objetivo, parece tan significativa, tan misteriosa, tan dramática y apasionante que uno se
detiene involuntariamente, como ante una
visión, como ante una vida en otro plano,
hasta que de repente la magia desaparece, la
explicación práctica llega como un golpe y
desvela el misterioso procedimiento y su razón de ser. En el movimiento simple, que no
está motivado externamente, yace un inmenso tesoro lleno de posibilidades. Estos casos se
dan con especial facilidad cuando una persona divaga absorta en pensamientos abstractos.
Estos pensamientos alejan a la persona de la
actividad cotidiana, práctica y con propósito.
Por eso se hace posible observar movimientos
tan simples fuera del círculo práctico. Pero tan
pronto como uno recuerda que nada misterioso puede ocurrir en nuestras calles, el interés por el movimiento desaparece al instante:
el sentido práctico del movimiento anula su
sentido abstracto. La «nueva danza» debe
construirse y se construirá sobre este principio, que es el único modo que hay de utilizar
todo el significado, todo el sentido interior

del movimiento en el tiempo y en el espacio. Parece que el origen de la danza es puramente sexual. En cualquier caso, todavía hoy vemos este elemento original expuesto en la danza folclórica. La necesidad posterior de utilizar la danza como medio de culto (un medio de inspiración) permanece, por así decirlo, en la superficie de la utilización aplicada del movimiento. Poco a poco, estos dos usos prácticos adquirieron un matiz artístico que se desarrolló a lo largo de los siglos y desembocó en el lenguaje de los movimientos del balé. Hoy en día, este lenguaje solo lo entienden unos pocos y está perdiendo su claridad. Además, es demasiado ingenuo para los tiempos que vienen: solo servía para expresar sentimientos materiales (amor, miedo, etcétera) y debe ser sustituido por otro lenguaje capaz de evocar vibraciones anímicas más sutiles. Por esta razón, los reformadores de la danza de nuestro tiempo han vuelto su mirada hacia las formas del pasado, donde aún hoy buscan ayuda. Así nació el vínculo que Isadora Duncan forjó entre la danza griega y la danza del futuro. Sucedió siguiendo el mismo razonamiento de los pintores que buscaron ayuda en los primitivos. Por supuesto, también en la danza (como en la pintura) estamos tan solo ante una etapa de transición. Nos enfrentamos a la necesidad de formar la nueva danza, la danza del futuro. La misma ley de utilización incondicional del sentido interior del movimiento, como elemento principal de la danza, funcionará también aquí y nos conducirá a la meta. Igualmente, en este caso, la «belleza» convencional del movimiento debe ser y será arrojada por la borda y el proceso «natural» (narrativo; el elemento literario) declarado innecesario y, en última instancia, perturbador. Al igual que en la música o la pintura no hay «sonidos feos» ni «disonancias» externas, es decir, al igual que en estas dos artes todo sonido y armonía es bello (= intencionado) si surge de una necesidad interior, también en la danza se sentirá pronto el valor interior de cada movimiento y la belleza interior sustituirá a la belleza exterior. Los movimientos «poco atractivos», que de repente se convierten en bellos, se impregnan inmediatamente de una fuerza y una vitalidad inusitadas. A partir de ese momento, comienza la danza del futuro.

Esta danza del futuro, que se sitúa así a la altura de la música y la pintura actuales, adquirirá al mismo tiempo la capacidad de realizar, como tercer elemento, la composición escénica, que será la primera obra de arte monumental.

La composición escénica constará inicialmente de estos tres elementos

—el movimiento musical,
—el movimiento pictórico, y
—el movimiento artístico de danza.

Tras lo dicho anteriormente sobre la composición puramente pictórica, todo el mundo comprenderá lo que quiero decir con el triple efecto del movimiento interior (=composición escénica).

Del mismo modo que los dos elementos principales de la pintura (la forma gráfica y la forma pictórica) llevan cada uno una vida independiente y se expresan por sus propios y solo ellos, y así como la composición pictórica surge de la combinación de estos elementos y de todas sus características y posibilidades, así la composición en el escenario será posible por el efecto combinado de los tres movimientos que hemos descrito.

El mencionado intento de Scriabin (potenciar el efecto del tono musical mediante el efecto del tono cromático correspondiente) es, por supuesto, solo un intento muy elemental que se sirve de una sola de las posibilidades. Además de la resonancia de dos de los elementos de la composición escénica, y después de los tres ya mencionados, puede añadirse la contraposición de los elementos individuales, el recurso a la total independencia (naturalmente externa) de cada uno de ellos, etcétera. Arnold Schönberg ya utilizó este último recurso en sus cuartetos. En ellos podemos ver hasta qué punto la armonía interior gana en fuerza y significado cuando la armonía exterior se utiliza en este sentido. Uno puede imaginar el dichoso nuevo mundo en el que los tres poderosos elementos se ponen al servicio de un objetivo creativo. Me veo obligado aquí a abstenerme de seguir desarrollando este significativo tema. El lector solo debe utilizar el principio enunciado para la pintura de manera correspondiente y el sueño feliz de la escena futura también aparecerá ante el ojo de su espíritu. En los intrincados caminos de este nuevo reino, que se extienden como una red interminable a través de oscuros bosques primigenios, sobre abismos inconmensurables hacia alturas heladas y a lo largo de vertiginosos precipicios, el pionero siempre será guiado por la misma mano infalible: el principio de la necesidad interior.

*****

Los ejemplos examinados anteriormente sobre el uso del color, la necesidad y el significado del uso de formas «naturales» en relación con el color como sonido dejan claro, uno, dónde se encuentra el camino hacia la pintura, y dos, cómo y según qué principio general debe seguirse. Este camino se encuentra entre dos zonas (que hoy en día son dos peligros): a la derecha se encuentra el uso completamente abstracto y totalmente emancipado del color en la forma «geométrica» (ornamentación), a la izquierda el uso más real, y demasiado paralizado por las formas externas, del color en la forma «física» (fantasía). Al mismo tiempo existe (posiblemente solo en nuestros días) la posibilidad de acercarse ambas fronteras y traspasarlas incluso. Más allá de ellas tenemos (aquí dejo de lado mi camino de esquematización): a la derecha, la pura abstracción (es decir, una abstracción que supera la de la forma geométrica); y a la izquierda, el puro realismo (es decir, la fantasía superior, la fantasía en materia dura). Entre ambos extremos, tenemos la libertad ilimitada, la profundidad, la amplitud, la riqueza de posibilidades; más allá quedan los campos de la abstracción pura y el realismo. Actualmente, todo está al servicio del artista, gracias a ciertas circunstancias especiales. Hoy disfrutamos una libertad que solo es concebible cuando comienza una gran época[8]. Con todo, al mismo momento esta misma libertad es una de las mayores no-libertades, ya que todas estas posibilidades entre, en y más allá de las fronteras nacen de una misma raíz: de la llamada categórica de la necesidad interior.

---

[8] Sobre esta cuestión, véase mi artículo "Über die Form Frage", en *Der Blaue Reiter* (publicado por R. Piper & Co., 1912). Partiendo de la obra de Henri Rousseau, demuestro aquí que el realismo que se avecina en nuestra época no solo equivale a la abstracción, sino que es idéntico a ella.

Que el arte se encuentra por encima de la naturaleza no es un descubrimiento nuevo en modo alguno[9]. Los nuevos principios nunca caen del cielo, sino que están causalmente ligados al pasado y al futuro. Lo que nos atañe es saber es dónde se encuentra hoy este principio y adónde podemos llegar mañana con su ayuda. Se trata de un principio, hay que subrayarlo una y otra vez, que nunca debe aplicarse por la fuerza. Pero si el artista afina su alma con este diapasón, sus obras sonarán

---

[9] La literatura, en particular, ha expresado ya hace tiempo este principio. Goethe, por ejemplo, dice: «El artista se sitúa por encima de la naturaleza con un espíritu libre y puede manipularla según sus propósitos más elevados [...] es su amo y su esclavo al mismo tiempo. Es su esclavo en la medida en que debe trabajar con medios terrenales para ser comprendido; es su amo en la medida en que somete esos medios terrenales a sus intenciones superiores y los pone a su servicio. El artista se dirige al mundo a través de una totalidad que no se encuentra, sin embargo, en la naturaleza, sino que es fruto de su propio espíritu o, si se quiere, de la inspiración de un fecundo soplo divino» (Karl HEINEMANN, *Goethe*, 1899, p. 684.) Y dice Óscar Wilde en *De Profundis*: «El arte comienza donde termina la naturaleza». Este tipo de pensamientos también se dan a menudo en la pintura. Delacroix, por ejemplo, decía que la naturaleza solo era un diccionario para el artista, y que «el realismo debería definirse como la antípoda del arte» ("Mein Tagebuch", Berlín: Bruno Cassirer Verlag, 1903, p. 246).

en este tono por sí mismas. En especial la «emancipación» que está hoy en marcha crece sobre el terreno de la necesidad interior, que es, como ya se ha descrito, la fuerza espiritual de lo objetivo en el arte. Lo objetivo del arte busca hoy revelarse con una tensión particularmente fuerte. Las formas temporales se aflojan para que lo objetivo pueda expresarse con mayor claridad. Las formas naturales establecen límites que, en muchos casos, se interponen en esta expresión. Así es que hoy se apartan y el espacio libre se utiliza para el objetivo de la forma: la construcción con fines de composición. De ahí el claro afán por descubrir las formas constructivas de la época. El cubismo, como una de las formas de transición, muestra con qué frecuencia las formas naturales tienen que subordinarse forzosamente a fines constructivos y qué obstáculos innecesarios crean estas formas.

En todo caso, hoy en día se suele recurrir a una construcción desnuda, que parece ser la única manera de expresar el objetivo en la forma. Pero si pensamos en cómo se ha definido la armonía en este libro, también podemos reconocer el espíritu de la época en el campo de la construcción: no una construcción clara, a menudo llamativa («geométrica»), que es la más rica en posibilidades expresivas, sino una oculta, que emerge del cuadro de manera casi imperceptible y, por tanto, está pensada menos para la vista que para el alma. Esta construcción oculta puede consistir en formas arrojadas de manera aparentemente aleatoria sobre el lienzo, formas que de nuevo parecen no tener ninguna conexión entre sí: la ausencia externa de esta conexión equivale a su presencia interior. La imprecisión externa es aquí cohesión interna. Y esto sigue siendo igual en relación con ambos elementos: en la forma gráfica y en la forma pictórica.

Aquí es precisamente donde reside el futuro de la teoría armónica en la pintura. Las formas «de algún modo» relacionadas guardan, en última instancia, una relación muy precisa entre sí; tan precisa es que hasta puede expresarse de forma matemática, solo que aquí tal vez estemos operando más con números irregulares que regulares.

En cualquier arte, la última expresión abstracta es el número. Es evidente que este elemento objetivo exige que colaboren la razón y la conciencia (el conocimiento objetivo; el «bajo continuo» pictórico). Este elemento objetivo permitirá también que la obra de hoy diga en el futuro «yo soy» en lugar de «yo fui».

VIII.
LA OBRA DE ARTE Y EL ARTISTA

DE UN MODO MISTERIOSO, enigmático, místico, la verdadera obra de arte surge «del artista». Separada de él, adquiere una vida propia, consigue una personalidad, se convierte en un sujeto independiente con un hálito espiritual, posee una vida materialmente real. Por tanto, no es un fenómeno indiferente y accidental que también permanece inerte en la vida espiritual, sino que, como todo ente, tiene poderes creadores y activos. La obra artística vive, actúa, participa en la creación de la atmósfera espiritual. La cuestión de si la obra es buena o mala solo puede responderse desde este punto de vista interior. Si es «mala» en cuanto a su forma o demasiado débil, entonces esta forma es mala o demasiado débil para evocar vibraciones anímicas puras[1]. Por otra parte, un cuadro no es «bueno» por la corrección de sus valores (los inevitables *valeurs* de los franceses) o porque esté dividido casi científicamente entre frío y cálido, sino por poseer una vida interior completa. Un «buen» dibujo es también aquel que no puede alterarse sin destruir esta vida interior, independientemente de si este dibujo contradice la anatomía, la botánica o cualquier otra ciencia. Aquí la cuestión no es si se contraviene una forma externa (es decir, siempre accidental), sino solo si el artista necesita o no esta forma tal y como existe externamente. Los colores deben utilizarse del mismo modo, no porque existan en la naturaleza en ese matiz o no, sino porque ese tono

---

[1] Las obras calificadas como «inmorales», por ejemplo, o bien son incapaces de provocar una vibración del alma en absoluto (en cuyo caso no son artísticas, según nuestra definición), o bien provocan una vibración del alma al poseer una forma que es correcta en algún aspecto. Entonces son «buenas». Pero si, además de esta vibración anímica, producen también una vibración puramente física «baja» (como decimos en nuestra época), de ahí no se sigue que haya que despreciar la obra, sino a la persona que reacciona con sentimientos bajos al exponerse a ella.

sea o no necesario para el cuadro. En resumen, el artista no solo tiene el derecho, sino también la obligación de tratar las formas de la manera que sea necesaria para sus fines. Y no es necesaria ni la anatomía u otras ciencias, ni la negación por principio de estas, sino la completa e irrestricta libertad del artista en la elección de sus medios[2]. Esta necesidad es el derecho a la libertad irrestricta, que sería criminal si no descansara sobre la necesidad. Artísticamente, el derecho a esa libertad se corresponde con el plano interior moral del que ya hemos hablado. En todos los aspectos de la vida (por tanto, también en el arte) es un objetivo puro.

Someterse sin objeto a los hechos científicos nunca es tan perjudicial como negarlos sin sentido. En el primer caso, se crea una imitación de la naturaleza (material), que puede utilizarse para diversos fines especiales[3]. En el

---

[2] Esta libertad irrestricta debe basarse en la necesidad interior (a esto lo denominamos «honestidad»). Y este principio no es exclusivo el del arte, sino que se extiende a la vida, y es la espada más afilada con la que cuenta el superhombre para enfrentarse al filisteísmo.

[3] Está claro que esta imitación de la naturaleza, si se origina de la mano de un artista con vida anímica, nunca es una reproducción

segundo caso, estamos ante un fraude artístico, que, como todo pecado, tiene cuantiosas y malas consecuencias. El primer caso deja vacía la atmósfera moral: la petrifica. El segundo la contamina y la envenena.

La pintura es un arte y el arte en su conjunto no es una creación sin propósito de cosas que se disuelven en el vacío, sino un poder que tiene un propósito y debe servir al desarrollo y al refinamiento del alma humana: el movimiento del triángulo espiritual al que hemos aludido. El arte es el lenguaje que habla al alma en su propia forma de las cosas que para ella son el pan nuestro de cada día, que solo puede recibir en esta forma.

Si el arte no se ocupara de esta tarea, se crearía un vacío, porque no hay otro poder que pueda sustituir al arte[4]. En cuanto el alma humana afronte la existencia de un modo más intenso, el arte revivirá, ya que el alma y el

---

completamente muerta de la naturaleza. Incluso en esta forma el alma puede hablar y hacerse oír. Los paisajes de Canaletto, por ejemplo, pueden servir de contraejemplo a los tristemente famosos retratos de Denner (Alte Pinakothek de Múnich).

[4] Este vacío también puede llenarse fácilmente con el veneno y la peste.

arte mantienen un vínculo de mutuo efecto y perfección. En los periodos en los que el alma está anestesiada y las visiones materialistas la extravían —y la incredulidad y las aspiraciones puramente prácticas que de esas visiones se derivan—, se extiende la opinión de que el arte «puro» no le ha sido dado al hombre para ningún fin en especial, sino que carece de propósito, es decir, que el arte solo existe para el arte (*l'art pour l'art*)[5]. Aquí el vínculo entre el arte y el alma está como anestesiado. Sin embargo, esta situación no tarda en vengarse, ya que el artista y el espectador (que dialogan con la ayuda del «lenguaje del alma») ya no se entienden, y este último le da la espalda al primero o lo mira como a un malabarista cuya destreza e inventiva admira, pero solo externamente.

Así pues, en primer lugar, el artista debe intentar cambiar la situación reconociendo su deber para con el arte y, por tanto, también

---

[5] Esta visión es uno de los pocos agentes ideales en estos momentos. Es una protesta inconsciente contra el materialismo, que quiere que todo sea prácticamente funcional. Esto demuestra una vez más lo fuerte e indestructible que es el arte y el poder del alma humana, que está viva y es eterna; puede uno anestesiarla, pero no acabar con ella.

para consigo mismo; debe considerarse no como el dueño de la situación, sino como alguien que debe servir a fines superiores: sus deberes son precisos, grandes y sagrados. Debe educarse a sí mismo y sumergirse en su propia alma, cultivarla y desarrollarla para que su talento exterior tenga algo con lo que revestirse y no sea como el guante perdido de una mano desconocida, un simulacro de mano, sin propósito y vacía.

El artista debe tener algo que decir, ya que su tarea no consiste en dominar la forma, sino en adaptar esta forma al contenido[6].

---

[6] Está claro que aquí me refiero a la educación del alma y no de la necesidad de imponer a la fuerza un contenido consciente en cada obra o de revestir artísticamente a la fuerza este contenido concebido. De ser así solo se produciría un trabajo intelectual desprovisto de vida. Ya se ha dicho más arriba: la verdadera obra de arte se crea misteriosamente. Cuando el alma del artista está viva, no hay necesidad de apoyarla con cuestiones intelectuales ni teorías. Encuentra algo que decir por sí misma, algo que puede hasta seguir siendo confuso para el propio artista en ese momento. La voz interior del alma también le dice qué forma necesita y dónde obtenerla (de la «naturaleza» exterior o interior). Todo artista que trabaja siguiendo su intuición sabe cómo de repente e inesperadamente la forma que ha concebido le parece desfavorable, cómo «por sí misma» otra, correcta, ocupa el lugar de la primera que ha rechazado. Böcklin decía que una verdadera obra de arte debe ser como una gran improvisación, es decir, que la deliberación, la

El artista no es un niño bonito de la vida: no tiene derecho a vivir sin deber, tiene una pesada labor que realizar, que a menudo se convierte en su cruz. Debe saber que cada uno de sus actos, sentimientos y pensamientos forman la materia frágil, intangible, pero a un tiempo sólida de la que surgen sus obras, y que, por tanto, no es libre en la vida, sino solo en el arte. De ello se desprende que el artista tiene una triple responsabilidad en comparación con el no artista: debe restituir el talento que se le ha dado; sus actos, pensamientos, sentimientos, como los de todo ser humano, forman la atmósfera espiritual, la purifican o la contaminan; y estos actos, pensamientos, sentimientos, que son el material de sus creaciones, contribuyen a su vez a esa atmósfera espiritual. No solo es «rey», como lo llama San Péladan[7], en el sentido de que tiene un gran

---

construcción y la composición previa no deben ser más que etapas preliminares en la consecución de un objetivo que puede sorprender al propio artista. El contrapunto venidero también debe entenderse de este modo.

[7] Joséphin Péladan, una figura fascinante del simbolismo esotérico francés, en su tiempo llamado irónicamente «santo» por su aura mística, estética y teatral (N. del t.)

poder, sino también en el sentido de que también es grande su responsabilidad.

Si el artista es el sacerdote de lo «bello», entonces esta belleza también debe buscarse a través del mismo principio de valor interior que hemos encontrado en todas partes. Esta «belleza» solo puede medirse con el rasero de la grandeza y de la necesidad interior, que tan bien nos ha servido hasta aquí.

Eso bello lo que brota de la necesidad interior del alma. Es bello lo que es interiormente bello[8].

Maeterlinck, uno de los pioneros, de los primeros compositores espirituales del arte de hoy, del que brotará el arte de mañana, dice: «No hay nada en la tierra más ávido de belleza y más fácil de embellecer que un alma [...] Por

---

[8] Ni que decir tiene que por belleza no se entiende la moral externa o incluso interna asumida en el trato general, sino todo aquello que refina y enriquece el alma, incluso de forma completamente intangible. Por eso en la pintura todo color es interiormente bello, porque cada color provoca una vibración anímica y toda vibración enriquece el alma. De ahí que todo lo que exteriormente es «feo» pueda ser interiormente bello. Así ocurre en el arte, y lo mismo en la vida. Por eso nada es «feo» en su resultado interior, es decir, en su efecto sobre el alma ajena.

eso muy pocas almas en la tierra se resisten a un alma que se entrega a la belleza»[9].

Y esta cualidad del alma es el combustible mediante el que es posible el movimiento lento, apenas visible, a veces exteriormente vacilante, pero continuo e ininterrumpido del triángulo espiritual: siempre hacia arriba y hacia delante.

[9] *Von der inneren Schönheit*, Düsseldorf y Leipzig: K. Robert Langewiesch, p. 187.

ESTE LIBRO, PUBLICADO POR
EDICIONES RIALP, S. A.,
MANUEL URIBE 13-15, 28033 MADRID,
SE TERMINÓ DE IMPRIMIR
EN ARTES GRÁFICAS ANZOS, S. L.,
FUENLABRADA (MADRID),
EL DÍA 6 DE ENERO DE 2026.